高校资助育人质量提升路径探究

甄晨光　赵　伟　时亚静◎著

吉林出版集团股份有限公司
全国百佳图书出版单位

图书在版编目（CIP）数据

高校资助育人质量提升路径探究／甄晨光，赵伟，
时亚静著. -- 长春：吉林出版集团股份有限公司，
2024. 7

ISBN 978-7-5731-4963-3

Ⅰ. ①高… Ⅱ. ①甄… ②赵… ③时… Ⅲ. ①高等学
校-助学金-学校管理-研究-中国 Ⅳ. ①G649. 20

中国国家版本馆 CIP 数据核字（2024）第 097131 号

GAOXIAO ZIZHU YUREN ZHILIANG TISHENG LUJING TANJIU
高校资助育人质量提升路径探究

著　　者　甄晨光　赵　伟　时亚静
责任编辑　杨亚仙
装帧设计　万典文化

出　　版　吉林出版集团股份有限公司
发　　行　吉林出版集团社科图书有限公司
地　　址　吉林省长春市南关区福祉大路　5788 号　邮编：130118
印　　刷　长春新华印刷集团有限公司
电　　话　0431-81629711 (总编办)
抖 音 号　吉林出版集团社科图书有限公司 37009026326

开　　本　710mm×1000mm　　　1/16
印　　张　9. 5
字　　数　180 千字
版　　次　2024 年 7 月第 1 版
印　　次　2024 年 7 月第 1 次印刷

书　　号　ISBN 978-7-5731-4963-3
定　　价　50. 00 元

如有印装质量问题，请与市场营销中心联系调换。

PREFACE

　　在当今社会，高等教育已成为国家发展和个人成长的重要推动力。然而，经济条件的差异导致不少学生在追求高等教育的路上面临诸多困难。为此，国家和各高校纷纷推出了多种资助政策，旨在保障经济条件较差学生的教育权益，促进教育公平。在这一背景下，高校资助育人体系的建立与完善，不仅关系到学生的未来发展，也影响着社会的长远进步。

　　本书的撰写，旨在深入探讨高校资助育人体系的现状、面临的挑战及其改进策略，以期为我国高校资助育人体系的优化提供理论支撑和实践指导。书中概述了高校资助育人体系的基本框架和运行机制，深入探讨了高校资助育人工作的精准模式和高效构建方式，提出了完善我国高校资助育人体系的综合性思考和建议。

　　本书逐步深入高校资助育人体系的各个组成部分，包括资助对象的界定、精准资助模式的分析、体系的高效构建及绩效评价等，力求从多维度、全方位分析高校资助育人工作的现状和问题，提出切实可行的改进措施。在最后一章，本书进一步深化讨论，聚焦于完善我国高校资助育人体系建设的策略和思考。

　　本书的撰写过程中，我们深入分析了大量的理论研究和实践案例，与众多高校工作人员、专家学者进行了深入交流和访谈，力求使本书的内容全面、准确、实用。我们希望，通过本书，能够为高校资助育人工作的理论研究和实践操作提供有益的参考，为促进我国高等教育发展、提高学生全面发展水平贡献一份力量。

CONTENTS

目　录

第一章　概述

第一节　研究背景

高校资助育人工作研究的背景分析是一个多维度、跨学科的研究领域，它不仅仅局限于教育学的范畴，还深入到经济学、社会学、政策学以及信息技术等多个领域。这种跨学科的融合体现了高校资助育人工作的复杂性和多元性。

一、经济背景

（一）收入差距扩大的影响

在全球经济持续增长的背景下，一个引人深思的趋势——社会收入分配的差异不断扩大，导致经济不平等现象日趋严重。这样的不平等不仅体现在社会的宏观层面，更直接影响到普通家庭，尤其是那些处于社会经济底层的家庭。对这些家庭的学生而言，他们的受教育机会受到严重影响。不平等的扩大，使家庭的经济条件成为决定学生是否能够接受高等教育的关键因素之一。

低收入家庭的学生面临的挑战尤为严峻。他们不仅要努力应对日常生活的经济压力，还必须克服为实现学术目标所遇到的种种困难。这包括高昂的学费、生活费用以及其他与教育相关的各项开销，这些都可能成为他们教育道路上的障碍。因此，如何为这些学生提供足够的支持，帮助他们跨越经济障碍，成了一个迫切需要解决的社会问题。

这一现状要求社会各界共同努力，特别是高等教育机构和政策制定者，他们需要采取切实有效的措施来减少这种经济不平等，确保所有学生，无论其家庭背景如何，都能享有平等的教育机会。这不仅包括提供经济资助，如奖学金、助学金等，还包括创建更为包容的教育环境、开发针对低收入家庭学生的特定支持项目以及改善教育制度以更好地满足他们的需求。

通过这些努力，可以朝着缩小社会经济差距，实现教育公平的目标迈进。让每一个有梦想的学生，无论他们的出身和经济状况如何，都能有机会站在同一起跑线上，追求自己的学术和职业目标。这样的社会将是一个更加公正、包容和充满机会的社会，让每个人都能通过自己的能力和努力，发挥个人潜力，实现梦想。

（二）教育成本上升的挑战

随着全球对高等教育重视程度的不断提升，我们见证了高等教育的显著普及和质量发展。然而，伴随这一积极趋势的，是与之相伴的经费开支的显著增长。从学费的不断攀升到教材费用的增加，再到住宿和日常生活费用的上涨，造成了教育成本的整体上升。对那些来自经济困难家庭的学生，这样的上升不仅加剧了他们在完成学业过程中的经济压力，还有可能迫使他们面临一个极为艰难的选择——是否继续追求高等教育。

面对这样的现实情况，如何通过一个有效且公平的资助机制来为这些学生减轻财务上的压力，从而保障他们的基本教育权利，便成了社会各界和教育政策制定者急需解决的问题。在此背景下，各种资助形式的出现，如奖学金、助学金、学生贷款等，不仅为经济困难的学生提供了必要的经济支持，也为他们继续教育之路提供了可能。

这样的资助不仅是一种经济上的帮助，更是一种社会公正的体现。通过有效的资助机制，可以确保每个学生，无论其经济状况如何，都有平等接受高质量教育的机会。这种支持不仅能够帮助学生减轻或消除因经济原因而放弃学业的忧虑，还能够鼓励他们更加专注于学业和个人发展。此外，这也促使学生能够在一个较为公平的起点上，根据自己的努力和才能去实现个人价值和社会梦想。

因此，构建和完善高等教育的资助体系，不仅对于经济困难学生个人的学业完成和个人发展至关重要，也是推动社会整体进步和促进教育公平的重要手段。通过提供多元化的资助选项和创新的资助模式，可以更有效地解决教育成本上升带来的挑战，确保每位学生都能享有接受高等教育的权利。

二、社会背景

（一）教育公平追求

在现代社会中，追求教育公平已经成为广泛认同的价值观。人们普遍认识到，教育作为个人能力提升和全面发展的关键途径，不仅关乎每个人的未来和梦想，也是推进社会整体公平与正义的强大引擎。在这样的认知下，保障每一位学生，尤其是那些背负着经济负担的学生，能够平等享受教育的权利，显得格外重要。这种对教育平等的追求不只是体现在政府政策的制定和执行上，更反映在整个社会对如何分配教育资源、如何实现教育正义的广泛讨论和具体行动中。

为了打破经济困难成为学生接受教育障碍的现状，社会各界已经采取了一系列措施。这些措施包括提供奖学金、助学金，实施贷款减免政策以及发放教育补助等，目的都是为了消除那些因家庭经济状况不佳而面临的教育限制。这些政策和措施的实施，不仅可以帮助经济困难的学生克服财务障碍，更能让他们根据个人兴趣和能力选择最适合自己的教育路径。社会通过这些努力，致力于创造一个每个人都能享有公平教育机会的环境，确保所有学生的未来不会因为家庭经济条件的不同而有所差异。

此外，这种对教育公平的追求还体现在对教育系统内部结构和机制的不断优化上。通过改革教育评价体系、优化教育资源配置、提高教育质量等措施，进一步保障学生享有平等的教育机会，促进学生全面发展。这些措施的实施，旨在确保每个学生都能在一个公正和有利的环境中学习和成长。

综上所述，通过公共政策的制定和社会各界的共同努力，我们正朝着建立一个教育资源分配更加公平、教育机会更加均等的社会迈进。这不仅有助于缩小社会不平等，也是实现每个人潜能和社会整体进步的关键。

（二）社会流动性

教育对促进个体在社会经济结构中的上升流动具有不可替代的作用。它不仅给予个人丰富的知识和技能，还显著提升了他们在职场上的竞争力和资格认证，为他们打开了向更高社会经济阶层迈进的大门。这种能力的提升和地位的改变，不仅体现了个人努力的成果，也反映了教育在促进社会公平与流动性方面的核心价值。社会流动性的增强，标志着一个健康、充满活力的社会，它不仅促使资源得到更加合理的分配与利用，还为广大群体提供了通过教育改善生活和实现个人价值的可能性。

在这一过程中，高等教育扮演了至关重要的角色。随着高等教育的普及，越来越多的人通过接受高质量的教育，获得了改变自己和家庭社会经济地位的机遇。这种普及不仅基于提高教育的可达性，如降低入学门槛、增设多样化的学习路径，还依赖于实施各种资助政策，确保经济条件不成为追求高等教育的障碍。通过这样的措施，教育成了促进社会流动性的强大引擎，激发了社会成员跨越原有经济和社会界限的动力。

此外，高等教育的普及与社会流动性的提高，对于缩小社会经济差距、激发社会创新能力具有深远的影响。当更多的人有机会接受高等教育，他们不仅能够提升个人能力，更能为社会带来新的思想、技术和解决方案，从而推动社会的整体进步。这样的进步不仅表现在经济增长上，更体现在社会文化的繁荣和社会治理的创新上，为社会的持续发展注入了新的活力和动力。

因此，教育不仅是个人实现梦想的阶梯，也是社会实现公平、创新和发展的关键。通过不断推进教育的普及和提高教育质量，我们能够不断提升社会的整体竞争力和活力，实现每个人的潜能发展和社会的全面进步。

总之，教育公平的追求和社会流动性的提高是相辅相成的。通过确保每个人都能接受公平、高质量的教育，社会能够为所有人提供平等的发展机会，从而构建一个更加公平、动态和繁荣的社会。

三、教育政策背景

（一）政府资助政策

在世界各地，为了推动高等教育的广泛普及并提高其可及性，政府部门采取了一系列综合性的资助策略，目的是大幅减轻学生及其家庭在经济上的负担。这些资助政策的设计旨在覆盖广泛的需求和情况，涵盖了奖学金、助学金、学生贷款等多样化的资助形式，以适应不同学生群体的具体需求和条件。例如，奖学金通常针对那些在学术或特定领域展现出杰出才能的学生，以表彰他们的成就和激励继续努力；助学金则主要针对那些经济条件不足以支持其教育开销的学生，帮助他们缓解经济压力；学生贷款则为更广泛的学生群体提供了一种灵活的资金支持方式，允许学生先行完成学业，并在步入职场后开始偿还贷款。

这些资助政策背后的共同宗旨是确保教育机会的平等，让所有学生，不论其经济背景如何，都能够接受高等教育，并据此构建更加光明的未来。通过这样的政策实施，政府希望能够打破经济障碍，使教育资源的分配更加公平和广泛，从而促进社会的整体进步和繁荣。这不仅有助于个体实现自我价值和职业发展，也为社会经济的发展注入了新的活力，培养了一代又一代具有高素质和创新能力的人才。

进一步而言，这些政策也体现了国家对教育的重视和对未来发展的投资。通过减轻学生财务负担，政府通过实际行动鼓励学习和对知识的追求，这不仅有助于学生个人成长，也是建设知识经济和提高国家竞争力的关键。因此，这些教育资助政策不仅是短期内支持学生完成学业的手段，更是长远促进社会公平、经济增长和文化繁荣的战略布局。

（二）质量与公平并重

在全球范围内推动教育普及的过程中，各国政府及教育机构正日益将教育质量与公平性放在同等重要的位置上。这意味着，教育改革的愿景不仅局限于提高教育内容的质量，如教学方法和研究水平的改进，以确保学生能够接受一流的教育体验；同时，也包括一个关键的目标——保证每一位学生，无论来自何种社会经济背景，都能公平地获得高质量教育的机会。这一目标的实现，需要在教育系统的各个层面进行深入的工作，包括课程内容的设计、教育资源的分配以及师资队伍的建设和培训等方面。

为了实现这一宏大目标，教育机构采取了多种策略和措施。首先，在课程设计方面，努力确保课程内容既具有高度的学术价值，又能够反映出多元文化和全球视角，满足不同背景学生的学习需求。其次，在教育资源分配上，通过优化资源配置，确保所有学生，都能获得必要的学习材料、设施和支持服务。此外，通过加强师资队伍的培训和发展，提升教师的教学能力和对学生多样性的认识，从而能够更有效地支持每个学生的学习。

此外，教育机构还特别注重提供包容性教育，为有特殊教育需求的学生设立必要的支持系统，以及根据学生的不同学习风格和能力实施差异化教学策略。这些做法旨在创建一个支持性和包容性的学习环境，其中每位学生都被赋予成功的机会和必要的资源，无论他们面临何种挑战或障碍。

通过这些综合性的努力和改革措施，教育机构正致力于实现一个更加公平和高质量的教育系统。这不仅为个体学生的成功和发展铺平了道路，也对促进社会的整体进步和公平发展起到了关键作用。通过确保每个学生都能接受到优质且公平的教育，我们为构建一个更加包容、知识丰富和创新的社会打下了坚实的基础。

综上所述，通过实施多样化的政府资助政策以及将教育质量与公平并重作为教育改革的核心，各国正在不断努力提高高等教育的普及率，同时确保教育服务的优质和公平。这不仅有助于个人的成长和发展，也对促进社会整体的进步和繁荣具有重要意义。

（三）技术进步背景

1. 信息技术的应用

在这个由数字技术主导的时代，信息技术的迅猛发展彻底转变了高校资助育人工作的运作模式，带来了前所未有的便捷和效率。随着互联网和移动技术日益普及，一个全新的在线资助申请和管理系统应运而生，极大地简化了过去复杂且耗时的手续。学生现在能够通过几次点击，在线提交资助申请，轻松上传所需的各类文件和资料，完全免去了以往繁杂的纸质文档收集和递交过程。

同时，电子支付系统的引进为资助款项的发放带来了革命性的改进。与传统的现金或支票发放方式相比，电子支付不仅大幅提高了资金转移的速度，还增加了整个流程的安全性，有效降低了欺诈和错误的风险。资助资金现在可以直接存入学生的银行账户中，减少了中间环节，确保资金能够及时、准确地送达真正需要帮助的学生手中。

更重要的是，这些信息技术的应用大大提升了资助程序的透明度和可追踪性。学生可以实时在线跟踪自己的申请状态，从申请提交到资助款项的发放，每一个环节都清晰可见，大大增强了学生对整个资助过程的信任感。同时，这也为资助机构提供了强大的数据支持，使其能够更加高效地处理申请、评估资助效果，并及时调整策略以满足学生需求。

综上所述，信息技术的引入不仅使高校资助育人工作变得更加高效和便捷，也为确保资助活动的公平性、透明性和安全性提供了强有力的支持。随着技术的不断进步，预期这些系统将进一步优化，为学生提供更加人性化、精准和及时的资助服务，帮助他们顺利完成学业，实现个人梦想。

2. 数据分析的运用

在数字化技术日益成熟的当下，大数据和人工智能技术已经成为推动各行各业创新与进步的关键力量。教育领域，尤其是高校资助育人工作，也不例外。这些先进技术的引入，为优化资助资源的分配和提升服务质量提供了全新的解决方案。通过综合收集和分析包括学术成绩、经济背景、参与社会活动的广度等多维度的学生数据，资助管理者能够深入了解学生的实际需求和背景，实现对资助对象的精准识别。

这种数据驱动的方法不仅提高了资助资源分配的准确性和公正性，确保了那些真正处于困境中的学生能够得到必要的支持，同时也显著提升了资助程序的效率。此外，通过对资助效果的持续跟踪和分析，高校能够及时发现并解决实施过程中出现的问题，识别改进的机会，进一步优化资助策略和程序。这样的循环反馈机制，确保了资助活动能够持续自我完善，提高其对学生的实际帮助。

更进一步，利用大数据和人工智能进行的数据分析还能够帮助高校捕捉到更为细致和深入的洞见，如通过分析学生的学习习惯、课外活动参与度及其与资助效果之间的关联，高校可以制定更加个性化、针对性强的资助计划。这种基于数据分析的深度定制化服务，不仅能够更好地满足学生的个性化需求，也能够最大化资助资源的效用，促进学生的全面发展。

总的来说，通过大数据和人工智能技术的应用，高校资助育人工作正变得更加科学化和系统化。这不仅体现了教育领域对技术创新的积极接纳，也展示了现代教育管理向更加公平、高效、精细化发展的趋势。未来，随着这些技术的进一步发展和应用，高校资助育人工作的质量和效率预期将得到更大的提升，为更多学生提供更加精准和有力的支持。

高校资助育人工作研究背景的分析显示，这一领域受到多重因素的影响，涵盖经济、社会、政策和技术等方面。随着社会的发展，高校资助育人工作的重要性日益凸显，旨在通过各种资助措施保障经济困难学生的教育权利，促进教育公平，提高社会整体的教育水平。这不仅是教育领域的一个重要议题，也是整个社会关注和努力的方向。

第二节　研究意义

高校资助育人体系的研究具有深远的意义，不仅对提升教育公平和促进学生个人发展具有重要作用，也对社会整体进步和经济发展产生积极影响。

一、促进教育公平

高校资助育人体系致力于实现教育公平的崇高目标，其核心宗旨在于弥补由于学生家庭经济状况不同而导致的教育机会不均的问题。这个体系旨在打破经济障碍，保证所有学生，不论他们来自何种经济背景，都能享有平等的机会进入高等教育机构学习，这对于构建一个基于能力和才能而非经济实力的公平社会具有极其重要的意义。

在实现教育公平的过程中，高校资助育人体系起着不可或缺的作用。通过提供经济资助，这一体系确保了贫困学生不会因为财务困难而失去接受优质高等教育的机会。然而，要充分发挥其作用，就必须对当前的资助体系进行持续的监测和评估，以便更好地理解它的效果和存在的不足之处。

通过深入研究高校资助育人体系，我们可以收集和分析关于资助效果的数据，识别哪些措施最为有效，哪些领域还需要改进。这一过程不仅有助于揭示资助体系在实践中遇到的挑战，比如资金分配的公平性问题、资助效果的持续性问题等，也可以为制定更加精确和有针对性的资助政策提供依据。此外，通过研究，我们还可以探索如何通过技术创新，比如大数据分析和人工智能等，来提高资助工作的效率和公正性。

总而言之，对高校资助育人体系的深入研究不仅能帮助我们评估和提高现有资助措施的有效性，也是推动教育资源合理分配、促进教育公平的重要手段。通过不断优化和调整资助策略，我们可以确保每位学生都能在公平的基础上获得高质量的教育，为建立一个更加公正和包容的社会打下坚实的基础。

二、支持学生全面发展

通过实施经济资助计划，高校资助育人体系在帮助学生应对经济挑战的同时，极大地拓宽了他们的学习和成长边界。这种资助不仅仅是对学费和生活费的补助，更重要的是，它为学生提供了参与多样化学术和文化活动的机会，如参与前沿的科研项目、加入国际交流和学术会议等。这些丰富多彩的经历不仅可以拓宽学生的视野，增强他们的实践能力和国际竞争力，还能够促进学生个性的全面发展和职业技能的提升。

更深层次来说，这些经历为学生提供了宝贵的自我探索和自我实现的机会。通过参与不同的项目和活动，学生能够更好地认识自己的兴趣和潜力，为未来职业生涯的选择和规划打下坚实的基础。此外，参与国际交流项目等活动还能够培养学生的跨文化交流能力和全球视野，这在当今全球化的社会环境中显得尤为重要。

因此，研究如何通过高校资助育人体系更有效地支持学生的全面发展，对高等教育机构而言是一项至关重要的任务。这要求高校不仅要关注资助的数量和范围，更要关注资助的质量和效果，确保资助措施能够真正满足学生的多元化需求。这包括设计更具针对性的资助项目，提供个性化的学术和职业发展指导以及建立更为广泛的合作网络，为学生参与国际交流和科研合作创造更多机会。

综上所述，高校资助育人体系在减轻学生经济负担的同时，为他们的全面发展提供了必要的资源和条件。通过深入研究和不断优化资助策略和服务，高校可以为学生打造更加丰富和有意义的学习经历，促进他们的个人成长和职业发展，为社会培养出更多具有创新精神和国际视野的优秀人才。

三、提高高等教育质量

高校资助育人体系的研究领域不仅仅局限于直接的经济支持对学生个体的影响，它还深入探讨了如何通过资助机制全面提升高等教育的质量。这一点体现在对教学质量的提升、研究活动的增强以及社会服务能力的加强等多个维度。资助育人体系通过确保教育资源的合理分配和有效利用，有助于营造一个更加有利于学习和研究的环境，从而直接或间接地提高教育的整体成效。

详细来说，通过对资助政策的实施效果进行深入的分析和评估，研究人员能够收集到宝贵的数据和见解，这些数据和见解可以为高校管理层和政策制定者提供实证基础，帮助他们更加准确地理解资助政策对教学质量、研究产出以及社会贡献等方面的具体影响。例如，资助可以通过提供必要的经济支持，鼓励教师进行创新教学实践和科学研究，增强学校的研究实力和学术影响力；同时，资助也能够支持学校开展更多的社会服务项目，加强学校与社会的联系，提升其社会服务能力。

此外，研究资助育人体系如何促进教育质量的提升还能够帮助高校和政策制定者识别当前资助政策中存在的不足和改进空间，从而制定出更为科学、合理和高效的资助策略。这不仅能够提高教育投资的整体效率，确保有限的资助资源能够产生最大的教育效益，还能够促进教育公平，确保每位学生都能在优质的教育环境中学习和成长。

综上所述，高校资助育人体系的研究具有重要的理论和实践价值，它不仅能够提升个别学生的学习和生活条件，更重要的是，通过深入分析资助政策对提高教育成果的影响，为高等教育机构和政策制定者提供了宝贵的决策支持，有助于实现教育资源的优化配置和高等教育质量的整体提升。

四、促进社会经济发展

教育无疑是推动社会经济发展的核心动力之一。在这一过程中，通过对经济条件不佳但富有潜能的学生提供资助，不仅能够帮助他们克服经济障碍完成学业，还能够确保社会能够充分挖掘和利用这些未来人才的潜力。这种投资不仅是对个人的支持，更是对社会整体进步的投资。资助这些学生，使他们能够接受高等教育和专业训练，意味着为社会输送了一批具备高级知识和技能的人才，这些人才将在各自的领域内推动创新，提高生产力，从而促进经济增长和社会福祉的提升。

深入研究高校资助育人体系如何更有效地促进社会经济发展，对于制定未来的教育和经济政策至关重要。这种研究可以揭示资助政策的实际效果，帮助政策制定者了解哪些资助模式最有效，如何设计资助计划以最大化其对社会经济发展的贡献。此外，这也能够为政府和社会各界提供数据和案例，证明投资教育是如何带来长期的社会和经济回报的，从而支持更多的资源被投入教育领域，特别是对那些最需要帮助的学生进行资助。

此外，研究高校资助育人体系与社会经济发展之间的关系，还可以促进政府和社会对教育公平的重视，认识到每个人才的价值和潜力，无论他们的出身和经济条件如何。这样的认识将有助于构建一个更加包容和平等的社会，其中每个人都有机会通过自己的努力改变自己的命运，同时为社会的发展做出贡献。

总之，通过资助经济条件较差但有潜力的学生，不仅可以直接促进个人的成长和发展，还可以间接促进社会经济的整体进步。研究高校资助育人体系与社会经济发展之间的关系，有助于我们更好地理解和利用这种关系，从而更有效地投资于未来的人才，推动社会和经济的持续发展。

五、提升社会公正与包容性

高校资助育人体系的研究不仅关注于教育本身的质量和效果，它还承载着促进社会公正与包容性的更深层次意义。在这个基础上，确保每个人，无论其出身、经济状况或社会背景，都能够平等地接受高等教育，成为实现社会公正的关键一步。这种教育的普及和平等化有助于缓解和减少社会不平等现象，为所有人提供公平的起点。

此外，通过为广大学生提供资助，高校资助育人体系有助于增强社会的流动性。社会流动性是衡量一个社会公正与进步的重要指标，高社会流动性意味着个人有能力根据自己的努力和才能改变自身的社会经济地位，而不是完全受限于出生时的环境。教育是促进社会流动性的最有效途径之一，因为它为个人提供了改变命运的工具和机会。

进一步来说，高校资助育人体系的发展和完善，有助于建立一个更加包容和多元的社会环境。当教育资源对所有人开放，每个人都有机会展示自己的才能和潜力时，社会将更加重视多样性和包容性。这种环境不仅能够促进不同背景人群之间的理解和尊重，还能激发更多创新和创造性思维的碰撞，为社会的发展带来活力。

综上所述，高校资助育人体系的研究不仅对教育领域具有重要的理论和实践价值，也对社会的可持续发展具有深远的影响。通过深入研究和不断优化资助育人体系，可以更好地促进教育公平，支持学生发展，提升教育质量，促进社会经济进步，实现社会公正和包容性。

第三节 研究方法和思路

一、研究方法

研究高校资助育人工作是一个多维度、跨学科的过程，涉及教育学、社会学、经济学等多个领域。为确保研究的全面性和深度，笔者特提出进行此类研究的建议方法和思路：

（一）明确研究目标

在进行高校资助育人工作的研究之初，最关键的步骤之一是明确研究的具体目标。这一阶段的工作不仅是研究过程的起点，也是确保研究工作有序、高效进行的基础。研究目标的设定可能覆盖多个方面，其中包括但不限于：

（1）评估资助政策的有效性：这涉及对现有资助政策实施成效的深入分析，旨在判断这些政策是否达到了预期的目标，比如提高学生的入学率、减少学生的财经压力等。通过对资助政策效果的评估，研究可以揭示哪些政策最为有效，哪些需要调整或改进。

（2）探索资助对学生发展的影响：这一目标着重于理解资助对学生个人发展各个方面的具体影响，包括学术成绩、心理健康、社会适应能力和未来职业发展等。明确这一目标有助于深入探讨资助不仅在经济上，而且在促进学生全面发展方面的重要作用。

（3）分析资助资源的分配效率：这涉及研究资助资源如何被分配给不同的学生群体以及这种分配是否高效、公平。通过评估资助资源的分配机制，研究旨在找出提高资源利用效率、确保资源公平分配的方法。

明确这些研究目标对于后续研究设计和方法选择至关重要。具体而言，明确的研究目标可以帮助研究者选择最合适的研究方法——无论是定量研究方法（如问卷调查、数据分析）还是定性研究方法（如深度访谈、案例研究），或是两者的结合。此外，明确的研究目标还可以帮助研究者更有效地组织和规划研究流程，从而提高研究的准确性和可靠性。最终，这些目标的设定和实现将为高校资助育人工作提供宝贵的见解和建议，促进资助政策的优化和学生发展。

（二）文献回顾

进行广泛的文献回顾，包括国内外关于高校资助育人工作的理论研究、政策分析、案例研究等。这有助于建立研究的理论框架，了解研究领域的现状和发展趋势以及识别研究中可能遇到的挑战和空白。

（三）研究设计

根据研究目标和文献回顾的结果，设计研究方案。这包括定量研究（如问卷调查、数据分析）、定性研究（如深度访谈、案例研究）或二者的结合。同时，确定研究样本、收集和分析数据的具体方法。

1. 定量研究

（1）问卷调查：设计问卷以收集学生、教职员工对资助政策的看法、资助的接受情况等信息。

（2）数据分析：利用现有数据库或收集的数据进行统计分析，评估资助政策的效果。

2. 定性研究

（1）深度访谈：与资助工作的关键人员、受资助学生进行一对一访谈，深入了解他们的经历和看法。

（2）案例研究：选择具有代表性的高校或资助项目作为案例，进行深入分析。

（四）数据收集与分析

根据研究设计进行数据收集。数据收集方法应符合研究伦理，确保信息的真实性和有效性。随后，根据研究的性质选择合适的数据分析方法，如统计分析、内容分析等。

二、研究思路

高校资助育人工作是一个复杂而多维的领域，其研究不仅关系到学生的学业成就和个人发展，还紧密联系着社会的公平和进步。为了全面深入地理解和改进资助育人工作，研究者需要采取跨学科视角、实证研究方法，关注个体差异，并积极探索技术创新在这一领域的应用。

（一）跨学科视角

高校资助育人工作的研究涉及教育学、经济学、社会学等多个学科领域。从教育学角度出发，研究可以探讨资助政策对学生学业成绩、学习动机和教育体验的影响。经济学视角则关注资助政策的经济可行性、资源分配效率以及对学生经济状况的实际改善。社会学视角着重于资助政策对社会公平、教育机会均等和社会流动性的影响。通过综合这些学科的理论和方法，研究能够更全面地评估和理解高校资助育人工作的复杂性和多维度影响。

（二）实证研究

实证数据的收集和分析是研究高校资助育人工作的核心。通过问卷调查、深度访谈、案例分析等方法收集学生、教师和管理者的真实反馈，研究者可以基于实证数据评估资助政策的实际效果。此外，利用现有的大数据资源，如学生的学业记录、经济状况数据等，可以进行量化分析，从而确保研究结果的客观性和可靠性。

（三）关注个体差异

在高校资助育人工作的研究中，关注资助效果在不同群体之间的差异至关重要。性别、经济背景、学科专业等因素都可能影响资助的效果。例如，经济条件较差的学生可能更需要资助，而资助对 STEM（科学、技术、工程和数学）领域和非 STEM 领域学生的影响也可能存在差异。通过深入分析这些个体差异，研究可以为制定更加精准和有效的资助政策提供支持。

（四）技术创新

信息技术的应用为高校资助育人工作提供了新的可能性。数据分析技术可以帮助研究者精准识别资助需求最迫切的学生群体，评估资助政策的效果。智能服务技术，如基于人工智能的聊天机器人，可以为学生提供即时的资助咨询服务，改善学生的服务体验。此外，通过技术手段，如移动应用和在线平台，可以提高资助申请和管理的效率和透明度。

高校资助育人工作的研究是一个跨学科、多维度的过程，需要研究者采用实证研究方法，细致关注不同群体的差异，并积极探索技术创新在资助育人工作中的应用。通过这样的研究方法与思路，可以更深入地理解资助政策的影响，为优化资助育人工作提供科学依据，最终促进教育公平和社会正义。通过上述方法和思路，研究者可以深入探讨高校资助育人工作的各个方面，为优化资助政策、提高资助效率、促进学生全面发展提供科学依据和实践指导。

第二章 高校资助育人体系现状

第一节 高校资助对象范围界定

在高等教育领域，资助育人工作是实现教育公平的重要手段之一。它旨在通过经济援助，为有需要的学生提供支持，帮助他们顺利完成学业。因此，准确界定高校资助对象的范围是确保资助效率和公平性的关键。本节将探讨高校资助对象范围的界定方法和标准以及这一过程所面临的挑战。

一、界定方法和标准

（一）经济需求评估

在高校资助育人的实践中，对资助对象范围的准确界定是确保资助公平性和有效性的基石。为了实现这一目标，对学生及其家庭的经济需求进行全面而深入的评估成了首要步骤。这一评估过程不仅要求对学生家庭的经济状况进行详尽的审查，更包括对家庭总收入、各类资产（如房产、车辆等）、家庭成员的就业状况以及其他可能影响家庭经济状况的因素（如医疗开销、其他子女教育费用等）的综合考量。

此外，这一评估过程还需考虑家庭收入的稳定性以及任何可能影响家庭经济状况的突发事件，如家庭主要经济支柱失业、重大疾病等。这些因素都会对学生的经济需求产生重大影响，需要在评估过程中予以充分考虑。

通过这一全面的经济需求评估，高校能够更准确地识别出真正需要资助的学生。这不仅涉及对家庭经济状况的数值分析，还包括对学生家庭经济状况背后的故事和具体情况的了解。因此，这一过程往往需要结合定量分析和定性调查，以确保评估结果的全面性和公正性。

综上所述，经济需求评估在高校资助对象范围界定中扮演着核心角色。通过对学生家庭经济状况的全面审查，高校能够确保有限的资助资源被优先分配给那些经济条件最为困难的学生，从而最大化资助政策的社会效益和教育公平性。这一过程的严谨和公正对构建一个有效的高校资助育人体系至关重要。

（二）学术表现

在高校资助育人工作的多维评估体系中，除了对学生经济需求的考量，学生的学术表现亦占据了至关重要的地位。事实上，学术成绩的优异不仅反映了学生的学习态度和能力，而且往往成为学生获得奖学金资助的核心依据。这种以学术成就为基础的资助标准，旨在鼓励学生投身于学术研究和知识探索之中，激发他们对学习的热情和追求。

更重要的是，将学术表现作为资助对象范围界定的重要标准，能够确保宝贵的资助资源得以优先分配给那些不仅在经济上需要支持，而且在学术上展现出明显潜力和成就的学生。这样的资助策略，不仅公平地认可了学生的努力和成就，同时也为社会培养和选拔优秀人才提供了动力和支持。

此外，优秀的学术表现作为资助条件之一，还有助于建立起一种积极向上的学术氛围，鼓励所有学生不断追求卓越，努力提高自己的学术水平。这种氛围的形成，对于提升高校的整体教育质量，培养创新思维和研究能力具有重要意义。

同时，通过对学术表现的重视，高校资助育人工作也向学生传达了一个明确的信息：每一位学生都有机会通过自己的努力获得资助和支持。这种基于成绩和努力的资助模式，进一步强化了教育公平的理念，确保学生能够在公正竞争的基础上获得发展的机会。

综上所述，学生的学术表现作为界定资助对象范围的重要标准，不仅有助于激发学生的学习积极性，促进学术成就的提升，还对确保资助资源的有效利用、促进教育公平和培养社会所需人才具有深远的影响。通过综合考虑经济需求与学术表现，高校可以更精准、公正地实施资助育人工作，为构建知识型社会贡献力量。

(三) 特殊群体考虑

在高校资助育人工作的实施过程中，准确和公正地界定资助对象范围是至关重要的一步。在这个过程中，除了考虑学生的经济需求和学术表现外，还必须特别关注那些特殊群体。这包括但不限于残疾学生、少数民族学生以及生活在偏远地区的学生。这些群体由于各种社会、地理和身体条件的特殊性，往往面临比普通学生更为复杂和艰巨的学习环境和经济条件。

残疾学生可能因为身体或心理障碍，在获取教育资源、参与学习活动方面遇到额外障碍。这不仅增加了他们的学习成本，还可能限制他们接受高等教育的机会。因此，资助政策在设计时应考虑到这些学生对特殊教育服务和辅助设施的需求，确保他们也能平等地享受到教育资源。

对少数民族学生而言，语言障碍、文化差异等，都是他们在教育过程中可能遇到的挑战。因此，资助育人工作应该考虑到这些因素，通过提供语言支持、文化适应指导等方式，帮助他们更好地融入学习环境，提升他们的学业成绩和社会适应能力。

生活在偏远地区的学生则可能因为地理位置偏远，难以获得高质量的教育资源，如优秀教师、现代化教学设施等。此外，这些地区的经济发展水平往往较低，家庭经济条件较差，这进一步加剧了学生的教育困难。在资助对象的界定中，应特别考虑这一群体的特殊需求，提供针对性的资助方案，如交通补助、远程教育资源等，以减轻他们的经济负担，提高他们接受高等教育的机会。

总之，高校资助育人工作在界定资助对象时，不仅需要综合考量学生的经济需求和学术表现，更应深入了解和关注特殊群体的独特需求和挑战。通过为这些群体提供特别的考虑和支持，不仅能够帮助他们克服学习过程中的障碍，还能够促进教育资源的公平分配，确保每一位学生都能享有公平的教育机会，共同促进社会的整体进步和发展。

二、面临的挑战

（一）信息准确性

在高校资助育人工作中，对学生家庭的经济需求进行准确评估是确保资助公正性和有效性的关键一环。然而，在实践中，确保所收集的家庭经济状况信息准确无误，一直是一个颇具挑战的任务。信息的不透明或造假不仅会直接影响资助资源的合理分配，更可能让那些真正需要帮助的学生错失资助机会，从而违背了资助育人工作的初衷和目标。

1. 信息准确性的重要性

首先，家庭经济状况的准确信息是进行经济需求评估的基础。只有基于真实和全面的数据，高校才能够对学生的经济需求做出客观、公正的评估。这种评估通常涉及家庭的总收入、资产状况、支出情况等多个维度。任何信息的失真或遗漏都可能导致评估结果的偏差，进而影响资助决策的公正性和准确性。

2. 信息不透明与造假的挑战

信息不透明或造假的问题在资助育人工作中尤为突出。一方面，部分家庭可能因为各种原因，不愿意或不能提供全面和真实的经济信息。例如，家庭可能因为担心隐私泄露而隐瞒部分收入或资产信息。另一方面，有些家庭或个人可能出于想要获取资助的目的，故意夸大经济困难的程度，或通过伪造文件等方式来造假。这些行为都严重妨碍了高校对学生经济需求的准确评估，使得有限的资助资源无法精准地分配给真正需要帮助的学生。

3. 应对策略与方法

面对信息准确性的挑战，高校和相关部门需要采取多种措施来提高信息收集的准确性和可靠性。

（1）强化信息审核机制

高校应建立和完善信息审核机制，对学生提交的家庭经济状况信息进行严格的核查。这包括但不限于对收入证明、资产证明等关键文件的审查以及对可疑信息的深入调查。必要时，高校可以与税务、社保等政府部门合作，通过官方渠道验证家庭经济状况信息的真实性。

（2）利用技术手段

随着信息技术的发展，高校可以利用大数据分析、人工智能等技术手段，对学生家庭的经济状况进行更为精准的评估。例如，通过分析家庭的消费记录、财产变动等数据，辅以算法模型，可以在一定程度上识别经济信息造假的行为，提高信息审核的效率和准确性。

（3）加大信息造假的惩处力度

为了有效遏制信息造假行为，高校需要明确制定相关政策，对被证实提供虚假信息的学生或家庭进行严厉处罚。这不仅包括取消其资助资格，还应包括相应的学籍处分甚至法律责任，以此作为警示，提高整个社会对资助诚信的认识和重视。

（4）增强透明度和公正性

通过提高资助育人工作的透明度和公正性，增强学生和家庭对资助体系的信任，从而鼓励他们提供真实、准确的经济信息。这包括公开资助政策的具体标准和流程，定期发布资助结果和效果评估报告，以及建立反馈和申诉机制，确保资助决策的公开性和可审查性。

确保家庭经济状况信息的准确性，对于高校资助育人工作的公正性和有效性至关重要。面对信息不透明或造假的挑战，高校需要采取综合措施，包括强化信息审核机制、利用技术手段、加大惩处力度以及增强透明度和公正性，从而确保资助资源能够真正惠及那些最需要帮助的学生。通过这些努力，可以进一步提升高校资助育人工作的质量和效果，为实现教育公平和社会正义做出贡献。

（二）动态变化

在高等教育领域，高校资助育人工作是确保教育公平和支持学生全面发展的重要手段。然而，学生家庭的经济状况和学生的学术表现并非静态不变，而是随着时间、社会经济状况以及个人努力程度的不同而动态变化。这种变化性要求高校在资助育人工作中展现出足够的灵活性，能够及时调整资助对象的范围，确保资助资源能够精准地分配给真正需要帮助的学生。因此，建立一个有效的跟踪和评估机制，成了应对这一挑战的关键。

1. 动态变化的挑战

（1）经济状况的变化

家庭的经济状况可能因多种因素而发生变化。经济衰退、家庭主要经济支柱的失业或健康问题、意外事件等都可能导致家庭经济状况的突然恶化。相反，家庭的经济状况也有可能因为职业晋升、经济复苏等原因而改善。这种变化直接影响到学生的资助需求。

（2）学术表现的波动

学生的学术表现同样会随着时间和个人努力的不同而发生变化。一些学生可能在大学期间逐渐发现自己的学习兴趣和潜能，表现出显著的学术进步；而另一些学生可能因为种种原因，在某一阶段学习困难，学术表现出现波动。这些变化需要在资助决策中得到考虑。

2. 灵活应对的必要性

高校资助育人工作的灵活性体现在能够根据学生家庭经济状况和学术表现的动态变化，及时调整资助对象范围。这不仅能够确保资助资源的合理分配，更能体现教育资源分配的公平性和时效性。

3. 建立跟踪和评估机制

（1）实时跟踪系统

建立一个能够实时跟踪学生经济状况和学术表现的系统是确保资助工作灵活性和有效性的前提。这样的系统需要收集和分析学生的学业成绩、家庭经济状况以及可能影响资助需求的其他相关信息。

（2）定期评估和调整

除了实时跟踪外，定期对资助政策和资助对象范围进行评估和调整也同样重要。这可以通过定期的学生问卷调查、家庭经济状况审核以及学术表现评估来实现。通过这些评估，高校可以及时发现并解决资助工作中存在的问题，确保能够有效地利用资助资源。

（3）反馈机制

建立一个有效的反馈机制，让学生和家庭能够及时反映他们的经济状况和需求变化，对于保持资助工作的灵活性和有效性至关重要。这样的机制不仅可以帮助高校更准确地掌握学生的实际需求，还可以增强学生和家庭对高校资助工作的信任和满意度。

4. 应对策略

为应对学生家庭经济状况和学术表现的动态变化，高校可以采取以下策略：

（1）多元化资助模式：结合奖学金、助学金、学生贷款等多种资助形式，为不同需求的学生提供适当的资助。

（2）灵活调整资助标准：根据经济环境和学生需求的变化，灵活调整资助标准和资助额度。

（3）加强学生服务：提供学业辅导、心理咨询等增值服务，帮助学生克服学业和生活中的困难，维持或提高其学术表现。

学生家庭的经济状况和学生的学术表现的动态变化对高校资助育人工作提出了更高的要求。通过建立有效的跟踪和评估机制，高校能够及时调整资助对象的范围，灵活应对变化，确保资助资源能够精准而公平地分配。这不仅是对学生负责，也是对社会资源负责的体现。通过不断优化和调整，高校资助育人工作能够更好地支持学生的学业和成长。

（三）公平性与透明性

在高校资助育人工作中，确保资助对象范围界定的公平性和透明性不仅是一项基本要求，也是一大挑战。这一挑战的核心在于，如何构建一个既公正又透明的资助体系，使所有学生都能了解资助政策，公平地参与申请和评审过程，同时避免利益输送和不公现象的发生。这一问题的复杂性在于，它不仅涉及资助政策的设计和实施，还涉及高校内部管理、信息传播、学生参与等多个层面。

1. 公平性的确保

公平性是资助育人工作的核心原则之一，意味着所有学生都应有机会了解和申请资助，且在评审过程中享有平等待遇。实现这一原则的首要步骤是制定公正的资助标准和程序。这些标准和程序需要综合考虑学生的经济需求、学术表现和特殊情况，以确保资助能够真正惠及那些需要帮助的学生。

（1）制定多维评估标准

高校应制定包含经济状况、学术成绩、个人境况等多维度评估标准，以全面评估学生的资助需求。这一过程中，需要特别注意保护学生的隐私权，确保收集的个人信息仅用于资助评估。

（2）建立公正的评审机制

高校还需建立一个由教师、学生代表和第三方参与的多元化评审团队，以确保评审过程的公正性。评审团队的构成应尽可能多样化，以反映学校社区的不同视角和利益。此外，评审过程中应采取措施保证评审结果的客观性，如实施双盲评审等。

2. 透明性的提升

透明性是指资助政策、申请程序、评审标准和结果等信息对所有学生都是开放和可访问的。透明性的确保对于建立学生对资助工作的信任至关重要。

（1）公开资助信息

高校应通过校园网站、社交媒体、校园公告板等多种渠道广泛宣传资助政策和申请程序。所有相关信息，包括资助金额、申请条件、评审流程和时间表等，都应公开透明，易于学生获取。

（2）增加沟通渠道

高校还应设立专门的资助咨询服务，提供面对面咨询、电话和电子邮件咨询等多种沟通方式，以解答学生的疑问并收集反馈。这些沟通渠道不仅能帮助学生更好地了解资助政策，也能增加学生对资助工作的参与感。

3. 避免不公现象

在资助育人工作中，避免利益输送和不公现象的发生是保证公平性和透明性的重要组成部分。这要求高校在制度设计和日常管理中采取有效措施。

（1）加强监督和问责

高校应建立健全的监督机制，对资助工作进行定期审计和评估，及时发现和纠正不公现象。同时，对于违反资助政策、损害学生利益的行为，应当明确责任，严格问责。

（2）培养诚信文化

高校还应通过教育和培训，向学生和教职员工普及资助政策的重要性和诚信的价值，营造一个公平、诚信、透明的校园文化。这种文化的建立，能够从根本上减少不公现象的发生。

　　确保资助对象范围界定过程中的公平性和透明性，是高校资助育人工作面临的重要挑战。通过制定公正的评估标准、建立公正的评审机制、公开资助信息、增加沟通渠道、加强监督和问责以及培养诚信文化，高校可以有效应对这一挑战，确保资助资源能够公平、透明地分配给真正有需求的学生。这不仅有助于提高资助工作的效率和公信力，也是高校履行社会责任、促进教育公平的重要体现。

　　高校资助对象范围的界定是一个复杂但至关重要的过程，它直接关系到资助资源的有效利用和教育公平的实现。通过综合考虑经济需求、学术表现和特殊群体的需要，并积极面对信息准确性、动态变化、公平性和透明性等挑战，高校可以更准确、公平地界定资助对象范围，有效地实施资助育人工作。这不仅有助于资助政策的优化，更为广大学生提供了公平的教育机会，促进了社会的长期发展和进步。

第二节　资助对象现状分析

　　在当前的高等教育领域，高校资助育人工作扮演着至关重要的角色，旨在通过经济援助帮助那些经济困难的学生顺利完成学业。随着社会经济的发展和教育体制的变革，资助对象的现状也呈现出一些新的特点和趋势。本节将对这些资助对象的现状进行分析，以期为高校资助育人工作提供更加精准和有效的指导。

一、经济困难学生的多样性

　　在现代高等教育体系中，资助育人工作的目标之一是确保经济困难学生能够享有平等的教育机会。然而，随着社会经济状况的快速变化及教育成本的持续上升，界定经济困难学生群体已变得日益复杂。这个群体的构成不仅多样化且涉及面广，包含了多种因素和背景，远远超出了传统意义上家庭经济条件不佳的简单定义。

（一）经济困难学生群体的多维性

1. 家庭经济条件的多样化影响

经济困难学生群体最直接的标识之一是家庭经济条件。过去，这通常意味着家庭总收入低于某一标准线，但现实情况远比这复杂。家庭收入的不稳定性，如季节性工作或临时失业，以及高昂的生活成本，特别是在城市地区，都可能导致家庭突然陷入经济困难。此外，家庭负债情况，包括房贷、车贷及医疗债务，也是判断家庭经济状况的重要维度。

2. 突发事件导致的经济压力

对许多学生而言，家庭经济状况的恶化往往是由疾病、家庭变故、自然灾害等突发事件触发的。这些事件不仅对家庭经济造成直接冲击，还可能影响学生的心理健康和学习状态，使得他们更加需要资助和支持。

3. 特殊背景学生的经济挑战

随着高等教育的普及，来自偏远地区、少数民族以及其他特殊背景的学生数量逐渐增多。这些学生往往面临着更为复杂的经济和文化适应挑战。例如，偏远地区的学生可能需要承担更高的交通和生活成本；少数民族学生可能需要额外的语言培训和文化适应支持。这些特殊需求加剧了他们的经济压力，也使得资助政策需要更加灵活和包容。

（二）对高校资助政策的影响

这种日趋多样化的经济困难学生群体对高校资助育人工作提出了更高的要求。

首先，高校需要采用更加细致和全面的方式来评估学生的经济需求，这包括对家庭经济状况的深入了解、对突发事件影响的评估以及对特殊需求的识别。

其次，高校资助政策需要更加灵活，以适应不同学生群体的具体需求。这意味着需要提供多种类型的资助，包括学费减免、生活补助、紧急资金、心理健康支持等。同时，高校还需要考虑如何简化申请流程，提高资助的可及性和透明度，确保所有需要帮助的学生都能够及时获得支持。

最后，高校资助育人工作还需要采取主动措施，识别那些可能不愿意或不知道如何寻求帮助的学生。这包括加强宣传教育、建立主动发现机制以及提供一对一咨询服务等。

二、资助需求的增长

在当今社会，随着高等教育的普及和社会对高等教育质量的不断追求，高等教育成本的持续上升已成为一个不争的事实。这一趋势不仅影响了学生和家庭的经济负担，也对高校资助育人工作提出了新的挑战和要求。资助需求的增长趋势已经成为高等教育领域一个不可忽视的现象，这是多方面因素作用的结果。

（一）教育成本的上升

高等教育成本的上升是资助需求增长的直接原因。学费、住宿费、教材费等教育开销的增加，直接加剧了学生和家庭的经济压力。在过去的几十年里，高等教育的费用增长速度远远超过了家庭收入的增长速度，这意味着即使是经济条件相对稳定的中等收入家庭，也可能因为教育开销的增加而感受到经济压力。例如，学费的年增长率在某些地区和专业中可能高达两位数，而住宿和生活费用也随着城市化进程的加快而水涨船高。

（二）社会经济波动的影响

社会经济的波动也是导致资助需求增长的重要因素。经济衰退、就业市场的不稳定、家庭经济条件的突然变化等都可能使原本经济条件尚可的家庭突然面临经济困难，从而增加了对资助的需求。在全球化经济的背景下，经济危机和市场波动的影响可以迅速传导至各个家庭，使得资助需求的不确定性增加。

（三）教育投资回报率的变化

随着高等教育成本的上升，家庭和学生对教育投资的回报率也开始重新评估。因此，即使是中等收入家庭的学生，也开始寻求各种资助机会，以减轻家庭负担，确保自己能够完成高等教育。

（四）高等教育普及的双刃剑效应

高等教育的普及无疑为更多家庭提供了接受高等教育的机会，但同时也使得教育资源的竞争更加激烈，教育成本的增加也成了普及过程中不可回避的问题。这一现象在一定程度上加剧了家庭和学生对资助的需求。

（五）对高校资助育人工作的影响

面对资助需求的增长趋势，高校资助育人工作面临着前所未有的压力和挑战。高校需要不断调整和优化资助政策，以适应资助需求的变化。同时，高校还需要加大资助资源的募集和配置效率，确保资助资源能够精准地分配给真正有需求的学生。

此外，高校资助育人工作还需要增强其适应性和灵活性，以应对社会经济波动带来的影响。这包括设立紧急资助基金，以应对学生家庭经济状况的突然变化，或者提供更多面向特定群体的资助项目，以满足不同学生的特殊需求。

总之，随着高等教育成本的持续上升和社会经济状况的变化，资助需求的增长已成为高等教育领域面临的一大挑战。这一挑战要求高校在资助育人工作中展现出更高的灵活性和适应性，不断调整资助政策，增加资助资源，确保资助工作能够有效地满足学生的需求，帮助他们克服经济困难，顺利完成学业。这不仅是对学生负责，也是对社会负责，更是高校履行社会责任、促进教育公平的重要体现。

三、资助效果的差异性

在高等教育领域，高校资助育人工作承担着促进教育公平和支持学生完成学业的重要使命。然而，资助效果的差异性揭示了一种现实：即使在同一教育体系下，不同背景和需求的学生对资助的反应和受益程度也存在显著差异。这种差异性不仅挑战了资助育人工作的实施策略，也强调了制定个性化和多元化支持措施的重要性。

（一）资助效果的差异性原因

1. 背景和需求的多样性

学生的家庭背景、经济条件、学习能力以及心理状态等因素都影响着资助的实际效果。例如，来自低收入家庭的学生可能因为经济资助而得以继续其学业，而对那些面临学习困难或心理问题的学生来说，仅有的经济资助可能并不能完全解决他们面临的挑战。

2. 教育资源的可及性

资助效果的差异性还与学生能够接触和利用的教育资源紧密相关。在一些情况下，即便学生获得了经济资助，但因为缺乏有效的学业指导、心理咨询或职业规划服务，他们的学业成绩和毕业率仍可能不尽如人意。

3. 个人努力的影响

学生个人的努力和奋斗也是影响资助效果差异的一个重要因素。资助可以为学生提供追求学业的机会，但最终的学业成就和个人发展还是依赖于学生自身的努力。

（二）对资助育人工作的启示

1. 提供个性化资助方案

高校需要根据学生的具体情况设计个性化的资助方案。这可能意味着除了提供经济资助外，还需要为特定学生提供学业辅导、心理咨询或职业规划等服务。例如，对于学习成绩落后但有上进心的学生，可以提供专门的辅导课程或学习小组；对于面临心理压力的学生，可以提供心理咨询服务。

2. 加强多元化支持系统

高校资助育人工作应当不仅仅关注经济资助，更要构建一个包含学业、心理、职业等多方面支持的综合体系。这需要高校内部各部门之间的紧密合作，以及与外部专业机构的合作，共同为学生提供全方位的支持。

3. 增强资助政策的透明度和公平性

为了确保资助效果的公平性，高校应当增强资助政策的透明度，让所有学生都能清楚地了解资助政策的内容、申请流程以及评审标准。同时，通过建立公正的评审机制和反馈渠道，确保资助工作能够真正满足学生的需求。

4. 定期评估和反馈

高校还应定期对资助育人工作进行评估，通过收集学生的反馈和成效数据，分析资助政策的实际效果。基于评估结果，及时调整和优化资助政策，确保资助资源能够更加精准和有效地发挥作用。

总之，资助效果在不同群体间的差异性强调了高校资助育人工作需要采取更加个性化和多元化的支持措施。通过提供针对性的资助方案、构建多元化的支持系统、增强政策的透明度和公平性以及定期进行评估和反馈，高校可以有效地应对资助效果的差异性，确保每位学生都能在高等教育过程中获得必要的支持和帮助，实现个人的成长和发展。

四、资助服务的适应性问题

随着社会的发展和高等教育体系的不断演进，学生的需求日趋多元化和复杂化，这对高校资助育人工作提出了新的挑战。特别是在资助服务的适应性方面，问题日益凸显，成为影响资助效果和学生满意度的关键因素。高校资助育人工作面临的主要问题包括资助申请流程的复杂性、资助信息的不透明性，以及如何利用新技术提高资助工作的效率和透明度等。

（一）资助申请流程的复杂性

资助申请流程的复杂性是影响学生获取资助的主要障碍之一。复杂的申请要求、烦琐的手续和长时间的审批流程不仅增加了学生的负担，也延缓了资助的发放速度。在某些情况下，学生可能因为对申请流程的不熟悉或缺乏必要的申请材料而错失资助机会。此外，对那些来自偏远地区或家庭条件较差的学生来说，复杂的申请流程更是一道难以跨越的障碍。

（二）资助信息的不透明性

资助信息的不透明性也是影响资助服务适应性的一个重要问题。资助政策的不明确、资助标准的模糊以及资助结果的晦涩难懂，都会使学生对资助工作产生疑惑，降低他们申请资助的积极性。缺乏有效的信息传播机制和透明的反馈渠道，使得学生难以了解最新的资助政策和申请流程，也难以对资助结果进行查询和申诉。

（三）利用新技术提高资助工作的效率和透明度

随着数字技术的快速发展，如何利用这些新技术提高资助工作的效率和透明度，成为高校资助育人工作需要重点考虑的问题。数字化平台和在线服务系统可以有效简化资助申请流程，提高资助工作的透明度。例如，通过建立在线资助服务平台，学生可以随时随地提交资助申请、查询申请状态和获取资助结果。此外，利用大数据分析和人工智能技术，高校可以对学生的资助需求进行更精准的预测和分析，实现资助资源的优化配置。

（四）有效策略

面对资助服务适应性的挑战，高校需要采取有效的策略进行应对：

（1）简化资助申请流程：通过精简申请材料、优化审批流程和缩短审批时间，降低学生的申请负担，提高资助发放的效率。

（2）加强资助信息的透明度：通过建立信息公开机制，定期发布资助政策、申请指南和资助结果，确保所有学生都能及时获取准确的资助信息。

（3）利用数字技术优化资助服务：通过建立在线资助服务平台、开发移动应用程序和利用大数据分析技术，提高资助服务的效率和适应性，满足学生的个性化需求。

（4）建立反馈和申诉机制：通过设立资助咨询热线、在线反馈系统和面对面咨询服务，为学生提供有效的沟通渠道，及时解决他们在资助申请过程中遇到的问题。

总而言之，随着高等教育体系的不断发展和学生需求的持续变化，高校资助育人工作面临着资助服务适应性的挑战。通过简化资助申请流程、加强资助信息的透明度、利用新技术优化资助服务以及建立反馈和申诉机制，高校可以有效提高资助服务的适应性，确保资助资源能够及时、准确地惠及需要帮助的学生。

第三章 高校资助育人的精准模式分析

第一节 高校资助育人的精准推进

一、构建以大数据为核心的精准资助育人体系

大数据，这一涵盖海量、多类型、高速生成数据集的概念，已经在众多学科和行业中找到了其广泛的应用。对学生资助领域而言，紧抓这一时代发展的脉搏，利用先进的技术手段创新服务模式，变得尤为重要。通过大数据技术，能够在精确识别经济困难学生和实施精准资助措施等方面展现出巨大潜力，从而显著提高资助效果，促进教育公平。

例如，某高校利用大数据分析技术，通过分析学生的学习成绩、消费记录、校园活动参与度等多维度信息，成功建立了一个经济困难学生的预测模型。这一模型不仅提高了困难学生识别的准确性和效率，还使得资助能够更及时地送达真正需要帮助的学生手中。

这些实践案例表明，大数据技术在学生资助领域的应用不仅能够帮助高校更加精准地识别和支持经济困难学生，还能够促进资助资源的合理利用和分配，提高资助工作的整体效率和效果。

（一）以大数据助力经济困难学生精准识别

通过大数据技术，高校能够创建精确的数据库，专门用于识别经济困难

的学生。这种方法通过汇集和分析来自不同来源的数据，包括教育机构、社会福利部门、残疾人联合会、劳工组织以及其他第三方数据提供者，搜集学生的家庭背景、学业表现、日常生活和社交活动等多维度信息，形成一个综合的学生数据集，以实现对学生的全面分析。

以浙江省一所大学为例。该校利用大数据技术，成功开发了一个经济困难学生识别系统。系统不仅包括学生的学习成绩和家庭经济状况，还整合了学生的消费记录、图书馆借阅历史和参与社团活动的频率等信息。通过这些数据的综合分析，学校能够更准确地识别出真正需要资助的学生。

这些案例展示了大数据在精准识别经济困难学生方面的巨大潜力，同时也强调了在处理和分析数据时，验证数据的真实性和准确性的重要性。通过建立和不断完善这样的学生基础信息数据库，高校可以更有效地将资助资源分配给真正需要帮助的学生，提高资助工作的效率和公平性。

通过利用大数据的分析能力，可以深入挖掘并分析学生数据，以发现那些经济困难学生的共同特点和模式。这种方法使得高校能够更精确地确定那些真正需要接受资助的学生，并将他们包含在资助名单中，确保每一位符合条件的学生都能得到必要的支持，同时避免资源浪费。为了持续跟踪学生及其家庭的经济情况，学生信息数据库需定期更新，利用在线问卷、自动化信息收集工具等现代技术手段来确保数据的时效性和准确性，实现数据收集的自动化。

考虑到学生信息数据库中包含大量的个人及敏感信息，对数据的保护尤为重要。在收集、处理和存储这些信息的过程中，必须采取有效的保密措施，如数据加密、权限设置和访问控制，以防止数据被未授权访问或泄露。这不仅是为了保护经济困难学生的个人隐私，也是为了维护他们的合法权利。

例如，一所位于江苏的大学采取了一套综合的数据保护措施，包括强化数据加密、设立严格的数据访问权限和进行定期的安全审计，以确保学生信息的安全。通过这种方式，该校不仅有效地识别和资助了需要帮助的学生，还赢得了学生和家长对学校资助系统的信任。

这种对大数据技术应用的创新方法和对数据隐私保护的重视，展示了如何在确保学生隐私的同时，有效地利用资源对经济困难学生进行精准资助，体现了教育公平的原则。

通过应用大数据技术，高校可以发展出一套针对家庭经济困难学生的精确辨识系统。这一系统基于学生的基本信息数据库，通过汇聚和分析关键的基本数据，创建一个综合的、定量化的家庭经济状况指标体系。结合大数据分析和机器学习技术，这一系统不仅能够集成家庭经济状况的量化指标和民主评估两个环节，还能使识别家庭经济困难学生的标准变得更加科学和合理，确保识别结果的准确性。

进一步来说，通过运用大数据，高校可以构建一个实时的监控和反馈机制，依靠学生与家长的直接反馈、教师的观察来及时掌握学生经济状况的变动，动态调整家庭经济困难学生的识别数据库。例如，通过分析校园卡等支付数据，对学生的日常消费模式和水平进行细致分析，能够迅速识别出那些消费较少的潜在困难学生，及时将他们加入困难学生名单，确保他们得到必要的资助；同时，对于那些消费水平异常高的学生，学校可以及时进行调查，确认他们的实际经济状况，以保证资助资源的精准分配。

此外，建立一个以诚信为核心的惩戒机制对于确保家庭经济困难学生认定过程的公正性至关重要。对于在申请过程中提供虚假材料或信息严重失实的行为，一旦查实，学校应采取严厉措施处理，强调诚信的重要性，引导学生诚实申请，树立正确的价值观，从而从根本上确保家庭经济困难学生的精确识别。

例如，浙江某高校实施了一套基于大数据的家庭经济困难学生辨识系统，该系统通过分析学生消费数据、学习表现和在线行为模式，成功地识别出经济困难学生，大大提高了资助的精准度和效率。同时，该校严格执行诚信惩戒机制，对弄虚作假的行为进行了严肃处理，有效地维护了资助体系的公正性和有效性。

（二）以大数据助力经济困难学生精准资助

学生在成长过程中的需求是多样化的，不仅仅局限于经济援助，还可能包括心理咨询和学术指导等方面。针对家庭经济困难学生，如何精确掌握他们各自的需求并提供相应的帮助，是实现精准资助的关键挑战之一。传统的数据收集方法如问卷调查、小组讨论或家访等，尽管能提供一定的帮助，但在面对大规模学生群体时往往效率不高，且难以实时更新信息。相比之下，大数据技术的应用能够使这一过程变得更加高效和动态。

1. 定制个性化资助方案

通过运用大数据技术来汇聚和解析学生的学业表现、专业偏好、未来职业目标等多维度信息，并应用机器学习技术来挖掘与经济处境挑战相关的关键因素，高校能够构建出一个高度精准的学生需求预测模型。这个模型能够对学生的具体资助需求进行细致的预测，如确定哪些学生急需资助、最适合的资助类型以及所需的资助程度，从而制订出完全个性化的资助计划，实现对每位学生"一人一策"的目标，确保资助措施的高度个性化和效果最大化。

例如，通过分析学生的学习活动和成绩趋势，可以发现哪些学生可能因经济压力而影响学业表现，从而提供针对性的学术支持或补助。同时，结合对学生兴趣偏好、技能特长及就业市场趋势的深入分析，高校可以为学生量身定制职业规划和就业准备指导，帮助他们提升就业竞争力，更好地规划未来职业道路。

另一案例中，一所大学利用大数据分析发现，部分学生在特定学期的经济压力显著增大，这通常与学期中的重要学术活动或实习机会有关。基于这一发现，学校开发了一个动态资助系统，能够在学生需要时提供即时的经济援助，帮助他们抓住关键的学习和发展机会。

这种基于大数据的个性化资助策略不仅可以更准确地满足学生的实际需

求，还能促进学生的综合发展和成功过渡到职业生涯，展示了大数据在教育资助中的巨大潜力和价值。

当资助措施精准对接学生的个性化需求时，学生会深切感受到社会和教育机构的关怀与支持，这种感受能显著增强他们攻克难关和应对挑战的内在动力。这样的正面心态和增强的自我驱动力，是推动学生更积极地参与学习和个人成长的重要因素，有助于他们在学术和其他领域取得更显著的进步和提升。

2. 建立智能资助系统

通过开发一个高效的智慧型资助平台，实现了对学生需求和资助资源的自动化精准对接，进而提升了资助工作的细致度与精确性，确保学生能够及时获得必要的支援，顺利完成学业并实现个人潜能。首先，该系统通过汇总和分析学生的基本资料、学业表现、财务状况等关键信息，深入了解每位学生的具体需求和资助的紧迫性；其次，为每位学生创建详细的个人档案，涵盖其个人背景、学习状况、经济条件等，以便资助决策和资源的有效分配；再次，基于学生面临的具体困难、学科要求、居住地点等多种因素，该系统设计了一套智能匹配算法，确保每位学生都能与最适合的资助资源精准对接，保障资助工作的高效性和持续性；再次，该资助平台支持资助申请和审批的自动化处理，学生可直接在系统中提交资助请求，系统将根据学生档案和预设算法自行完成审批过程，显著提升了处理速度和准确率；最后，平台还设立了资助跟踪和评价系统，利用学习分析技术监控资助效果，及时优化资助方案和资源配置，确保资助策略能够灵活响应学生的变化需求，实现资助资源的最优利用，促进学生全面成长。

二、以大数据助力资助育人工作

（一）优化资助方案，提升育人效果

支持学生全方位成长是资助活动的核心目的，体现了资助教育的深远意

义。通过大数据技术，可以有效搜集和分析与资助活动相关的各类数据，从而准确评估资助效果，并根据反馈调整资助计划。这样的做法旨在提升资助活动的目标性和效率，确保其更好地促进受助学生的成长与发展，为资助教育提供坚实的数据支持。在学业层面，通过应用数据分析和人工智能技术，深入探究学生的学习模式、进度和成绩等关键指标，同时考量资助规模、形式等变量，来评价资助对学生学业进展的具体影响。依据这一分析，资助计划可以灵活调整，以更有效地促进学生的学术成就。此外，通过收集有关经济困难学生参与校外活动、社会实践和学术竞赛的数据，并将其与未受资助学生的活动数据进行对比，可以深入了解资助对学生全面能力提升的作用。在此基础上，通过调整资助策略，为学生提供更广阔的成长空间，进一步增强他们的社会竞争力。通过这一过程，资助活动能够全面跟踪并促进学生在学业和个人能力上的发展，确保资助原则紧密围绕学生需求，达成资助目标，使资助活动更有效地服务于学生的全面成才，最大化地发挥其育人功能。

以家庭经济困难学生小张为例，他的学习表现一直处于中等水平，勉强通过考试，很少参与课外活动。经过深入的数据分析和全面调查，发现小张出生于一个偏远的农村地区，性格比较内向，不擅长交流，且学习基础较为薄弱。尽管他投入大量时间学习，但受限于基础，成绩提升有限，这给他带来了极大的困扰。针对小张的实际情况，单一的经济资助显然不能全面满足他的需求，因此，学校制订了一套针对性的支持计划，以促进他的学业和个人能力的全面发展。

学业上，根据小张的具体学习情况，为他设计了一套实用的学习计划，优化了他的学习策略和时间管理，以提高学习效率。同时，提供了额外的教辅材料，安排专业教师进行一对一辅导，帮助他巩固学科基础，弥补知识漏洞。此外，鼓励他参与学科相关竞赛，以赛激学，旨在激发他的学习兴趣和自我驱动力。

在个人能力和素质方面，鼓励小张加入学校的资助学生社团，参与各类资助活动和社会服务项目，以此来拓宽他的视野，增强人际交往能力，锻炼综合素质。在学校社区的支持和鼓励下，小张逐渐变得自信和开朗，积极参与各种活动，不仅学习成绩有了显著提升，还在多次专业竞赛中获奖，逐渐成长为一名全面发展的学生。

随着小张对未来学业和职业规划的认识越来越清晰，原有的资助计划需要进一步调整以适应他的新目标。为此，学校为他提供了转学考试所需的资料和教辅，安排专业导师进行针对性辅导，并鼓励他参加英语等级考试，以提升他的语言能力和专业素养。

通过这一系列个性化、全面的资助和支持措施，小张不仅顺利通过了转学考试，还以优异的成绩进入了心仪的本科院校，继续他的学术追求。这个案例深刻展示了资助工作不仅是经济帮助，更是对学生个性化成长需求的精准支持，实现了资助育人的最高目标。

（二）多部门联动，实现"资助+"

对家庭经济困难的学生而言，仅仅依靠学校的资助部门已不足以全面满足他们的成才需求，这需要构建一个涉及学校、政府、社区等多方面的协作网络。通过建立跨部门的合作和信息共享机制以及大数据技术的应用，可以实现对这些学生的有效支持和帮助。具体来说，学校可以通过接入国家和地方级的资助信息平台，与社会福利、残疾人联合会、劳动组织等机构共享信息，从而获取关于低收入家庭、孤儿以及残疾学生等群体的详细数据。这样不仅能够确保这些学生能够被优先考虑和纳入资助计划，而且还能够根据他们的具体情况制订更为个性化和更具针对性的资助方案。

加强校园内外多方力量的合作，共同承担责任，是提升学生综合发展能力、为经济困难学生提供全面支持的关键。通过创建涵盖"财经援助、学业辅导、心理支持、能力培养、职业规划"等多方面的全面教育体系，实现学生资助与思想教育、学术培养、职业教育、心理健康指导等教育领域的深度融合。学校应当通过整合教学部门、学生心理服务中心、综合素质教育中心、科研机构、学生组织等资源，建立以学生为中心的发展支援平台，推动不同职能部门之间的协作和资源共享，从而为经济困难学生提供包括学业辅导、心理咨询、能力提升、职业指导在内的综合性帮助。这样的全面教育策略旨在帮助学生提高学业水平，增强心理韧性和职业技能，将学生培养成为社会所需的全面发展的人才，进一步提高资助教育的实际效果。

在大数据时代，资助工作需灵活应对，注重个性化，旨在以精确且高效的手段，达成"资助教育"的核心目的。依托大数据技术的能力，进行综合数据收集与分析，形成家庭经济困难学生的精确辨识及发展支持体系，通过汇聚不同来源的信息，对学生实施精确的全面分析，实现"个性化档案管理"，涵盖学生的家庭背景、兴趣、志向、优势与劣势等，从而设计出量身定制的资助计划。这一策略以"学术成就"为核心，围绕"德育为先"，目标指向"技能增长"，通过与教学部、学生心理服务中心、素质发展部门、研究机构、学生联合会等的紧密合作，为经济困难学生提供全面的服务。同时，激励学生参与社会活动和技能比赛，通过实践促进学习和能力发展，实现物质支援和智力发展的有机融合，道德润泽和精神鼓舞相辅相成，全方位促进经济困难学生的全面成长和就业能力提升，建立起一套以物质援助、道德教育、能力加强、精神鼓励为核心的精准资助教育持续体系。

三、新时代背景下高校精准资助育人质量提升的对策

（一）精准资助策略

在新时代的背景下，提高高校精确资助教育的效果需要采取一系列具体措施，这些措施主要涉及以下几个方面：

1. 完善资助对象的识别过程

建立一个既科学又合理的系统，用于识别和选择需要资助的学生。这一

系统将基于学生的经济需求、学术成就和全面能力等多个方面进行评价。通过全面分析这些关键因素，可以确保选定的资助对象既准确又公平。

2. 实施个性化资助方案

根据学生群体的多样性，实施个性化的资助计划。依据学生的具体情况和需求，设立不同的资助标准、资金项目及服务内容。举例来说，可以为经济条件较差的学生提供生活补贴，为成绩优异的学生提供奖学金和研究资金支持等。

3. 加强资助的管理与监控

构建一个完善的资助管理体系，加大对资助资金使用效果的监控力度。确保资助资金被有效使用，防止任何形式的浪费或滥用；同时，建立一个全面的追踪和问责机制，确保资助活动中出现的任何问题都能够迅速识别和解决。

4. 实施多元化的培养方案

除了经济援助之外，我们还将实施一系列多元化的培养计划，涵盖学术指导、职业发展建议以及创新与创业训练等多个维度。这些措施旨在全面支持学生发掘和提升自我潜能，进而在各方面提升其能力和素质。

5. 扩大社会参与和资源整合

我们鼓励社会各界对高等教育的精准资助活动给予更多的关注和支持。通过与各类企业和事业单位建立合作，不仅可以为学生设立专项奖学金和资助项目，还能拓宽其获取实习和就业机会的渠道，为他们提供更为丰富和多样的成长平台。

6. 定期进行资助效果评估与政策优化

建立一套有效的评估体系，定期对当前的资助政策进行检视和调整。根据资助成效和学生需求的实时变化，适时对现行政策进行修订，以确保其持续适应学生和教育发展的需求。

通过上述精细化和靶向的资助策略，不仅能够提高高校在资助育人方面的效果，确保有需求的学生得到有效的帮助和支持，还能提升资金使用的效率，促进高校精准资助工作的持续进步和可持续性发展。

（二）多元化资助方式

新时代背景下，高校精准资助育人的对策多种多样，其中之一是多元化资助方式。多元化资助方式可以更好地满足不同学生的实际需求，提高资助的针对性和适应性，具体包括以下方面：

1. 奖学金制度

设立不同层次和类型的奖学金，如综合奖学金、学科竞赛奖学金、社会实践奖学金等。通过奖学金激励机制，鼓励学生在学术、科研、创新等方面取得优异成绩，提高其发展动力和学术水平。

2. 助学贷款

建立健全的助学贷款制度，为家庭经济困难但学业表现良好的学生提供低息或无息贷款支持。在贷款额度、还款期限和利率等方面进行差异化安排，使学生能够更好地完成学业，减轻负担。

3. 学费减免

对于家庭经济特别困难的学生，可以采取学费减免的方式进行资助。根据家庭经济状况和学生成绩等因素，确定减免的比例和范围，减轻学生的经济压力，保障其正常学习。

4. 家庭经济困难补助

为家庭经济困难且具备良好学业表现的学生提供一定的生活费用补助。通过建立资助申请和评估机制，根据学生家庭的实际情况，确定补助标准和补助范围，帮助学生改善生活条件，专心学习。

5. 社会资助项目

鼓励社会各界参与高校精准资助育人工作，设立社会资助项目或基金，为有需要的学生提供资金和资源支持。通过与企事业单位、公益组织等合作，开展助学活动，为学生提供多元化的资助渠道和机会。

6. 兼职、实习与奖助学金结合

通过将兼职、实习与奖助学金相结合，帮助学生既能获得一定的收入，又能提高实践能力和就业竞争力。高校可以与企事业单位合作，提供兼职和实习岗位，并根据学生的表现给予相应的奖助学金。

通过多元化资助方式，可以更好地照顾不同学生的需求，提高资助的灵活性和针对性；同时，有利于培养学生的综合素质和实践能力，推动高校精准资助育人工作的深入发展。

（三）资助规模与效益平衡

在新时代背景下，提高高等教育机构精准资助的质量意味着要在确保广泛覆盖的同时，高效地分配和使用资金。这种资金的高效使用不仅需要保障广泛的覆盖率，还需确保每一笔资助都能产生最大的效益。以下是实现资金利用效率与覆盖面平衡的几个关键策略：

1. 明确资助政策与目标

制定清晰的资助政策，明确资助的目标、范围及受益者，保障资助的精准度和有效性。同时，根据学生需求和学校的战略发展方向，合理设定资助规模，避免不必要的资源扩散和浪费。

2. 发展科学的评估机制

建立一个全面的评估系统来监控和评价资助项目的成效，确保资助活动能够及时反映出其价值和效益。对学生的学业成绩、能力发展及就业率等多方面进行综合评估，以此调整资助计划，提升资助的效率和目标性。

3. 加强资助的管理与透明度

实施严格的管理和监督体系，确保资金得到合理分配和高效使用。加强资金监控，确保每笔资助都严格按照既定的目标和条件执行，同时通过建立数字化管理平台增强资助活动的透明度和公正性。

4. 探索创新的资助模式

积极寻求创新的资助方法，以实现经济效益和社会效益的双重增值。通过引入与学生个人发展紧密相关的项目，如创业支持和实习机会，既能满足学生个性化需求，又能促进他们的全面发展。

5. 促进资源的共享与优化

通过高校之间的合作与资源共享，减少资源重复投入和浪费。建立联合资助平台或机构，共享教育资源如专业知识、实验设施和课程内容等，以优化资源配置，提升资助活动的整体效果和价值。

通过这些策略，可以在确保资助活动广泛覆盖的基础上，提升资源利用的效率和效益，实现高等教育机构精准资助活动的质量提升。

第二节　高校资助育人的"双助模式"

随着时代的进步，对高等教育机构中的学生资助工作提出了更高的要求，不仅仅是经济上的援助，更强调资助育人的综合使命和深远意义。《高校思想政治工作质量提升工程实施纲要》于 2017 年 12 月发布，此文件将资助育人工作纳入重要的育人体系之一，强调将经济帮助与智力支持、精神鼓励相结合，旨在培养学生的独立自主、诚实信用、感恩及责任担当等优秀品质。这一策略不仅指出了学生资助工作的新方向，而且对如何实施资助育人工作提出了具体要求。因此，高等教育机构需要更新观念、创新实施方式，重视育人功能，通过开发"经济资助+个人成长支持"的综合资助模式，建立从资助到育人，再到成才和反哺社会的良性发展循环，以满足时代的需求和学生的成长需要。

一、构建"双助"模式的时代意义

在当前时代背景下，高等教育机构的学生资助任务不仅仅局限于经济援助，如家庭经济困难学生的认定、助学贷款的管理、奖学金和助学金的评选与分配以及勤工助学项目的运营等方面。然而，在执行这些任务时，经常会出现偏重于资助而忽视育人目标的倾向，造成资助活动与育人目的不够融合的问题。发展"双助"模式的目的在于平衡这两方面的工作重点，确保经济资助和人文关怀、成才支持并行不悖。这意味着在为贫困学生提供经济支持的同时，还需通过思想教育、学业辅导、心理支持、能力提升和就业指导等手段促进他们的全面成长。这种模式的推广对提升高校学生资助工作的质量具有重要价值，符合新时代对人才培养的综合要求。

（一）构建"双助"模式是新时代落实立德树人根本任务的内在要求

在当前社会背景下，大学生资助活动已经扩展其职能，成为实施立德树人核心任务的关键一环。尤其是在2018年5月，习近平在对高校师生的讲话中强调了人才培养应该是一个育人为本的过程，其中立德才能立人。国家高层的文件《关于加强和改进新形势下高校思想政治工作的意见》也提到，要全面实施育人方针，其中包括将资助活动作为育人的一种方式。这种"双助"模式不只是经济上的帮助，更是通过各种途径促进学生的全面成长，帮助他们培养良好的品质和社会责任感，指导他们成为全面发展的人才。

（二）构建"双助"模式是新时代促进教育公平正义的必然要求

确保教育公平是社会正义的基石。自党的十八大以来，我国一直强调教育公平的重要性，并且将家庭经济困难学生的教育问题视为重点。通过实行

"双助"模式，不仅在经济上支持家庭经济困难的学生，而且通过提供学习和成长的机会，努力消除起跑线上的不公平，确保每个学生都有机会实现自己的梦想，与国家和社会共同进步。

（三）构建"双助"模式是新时代打赢脱贫攻坚战的时代要求

精准扶贫和脱贫攻坚是当前阶段的重要任务，其中教育发挥着断代贫困的根本作用。在这一大背景下，"双助"模式通过经济资助和成长扶助相结合的方式，不仅解决了学生的即时经济困难，还鼓励他们通过自我努力提升个人能力，实现自身和家庭的社会经济地位的提升。这种模式为学生提供了完成学业和成功就业的双重保障，从而为社会的整体脱贫工作贡献力量。

二、"双助"模式的构建与实践

近期，高等教育机构致力于执行立德树人的核心使命，目标是全方位支持家庭经济状况较差的学生的成长与成功。在这一过程中，通过创建四种工作流程和构建四个主要平台以及实施三项特色项目，学校积极推进了资助与育人相结合的"双助"策略。这一策略成功建立了一个既全面涵盖经济资助，又全程关注学生发展的资助育人体系，确保了资助育人活动的有效性和育人效果的显著性。

（一）建立四项工作机制

完备的工作体系是实施"双线"策略的根本。南华大学为了将经济援助与成长支持相结合，在资助活动中引入了四个核心机制：准确的学生鉴定、教育指导、资金管理及效果评估，建立了一个全面的资助育人体系，为"双助"策略的实施奠定了坚实的基础。

1. 精确的鉴定机制

精确的鉴定机制不仅仅是一个简单的筛选过程，而是一个多维度、多步骤的综合评估体系。通过家庭经济情况调查，学校能够获取学生家庭的基本经济状况和财务需求；生活状况监控则进一步深入了解学生的实际生活条件和特殊困难。师生评议和三级公示制度的引入，增加了鉴定过程的透明度和公正性，确保了整个社区——包括学生、教师和行政人员——对鉴定结果的认可。量表法评价法评估作为一种补充工具，为学生提供了一个自我评估的机会，增强了学生对自身状况的自我认识。动态管理鉴定结果的策略，保证了贫困学生在家庭经济状况变化时能够及时调整资助等级，确保了资助的及时性和准确性。

2. 教育指导机制

教育指导机制是双线模式的另一大亮点。将课堂教学与课外活动紧密结合的做法，不仅丰富了学生的学习体验，也提高了教育的实践性和有效性。诚信教育和心理素质提升课程，旨在培养学生的道德观念和心理应对能力，为他们今后在职场和社会中的健康发展打下坚实的基础。新冠疫情期间，学校通过在线公开课等方式继续进行教育引导工作，不仅使学生能够继续学习不受阻碍，更通过这些活动强化了学生面对困难时的责任感和自信心，展示了教育适应时代变化的灵活性和创新性。这种教育指导机制，不仅在知识传授上做到了精准和高效，更在育人方面发挥了深远的影响。

3. 规范的资助管理机制

规范的资助管理机制是确保资助育人工作高效运行的基础。通过实施标准化管理流程，建立一个结构清晰、运行高效的资助管理体系。精心设计层级化管理机构，包括学校资助中心、学院资助小组及班级资助小组，形成了自上而下的管理网络。同时，依托于教师、辅导员、学生干部等构成的多元化扶助团队，明确分工，确保每一环节的资助活动都能精准落实。这种规范化管理不仅提高了资助工作的效率，也保障了资助的公平性和透明度，从而有效地支持了学生的学习和成长。

4. 导向的考核评价机制

导向的考核评价机制在推动资助育人工作的持续改进中起着至关重要的作用。建立一个涵盖客观评价和主观评价两个维度的全面考核评价体系，强化了育人的导向性。客观评价侧重于学校和学院层面的资助制度执行情况、资金使用效率、政策落实情况等方面的评估，而主观评价则侧重于学生对资助服务的满意度、对成长扶助活动的反馈等个人体验。通过定性与定量相结合的评价方法，这一体系能够全面、深入地反映资助育人工作的实际效果，为资助育人工作的持续优化提供了准确的数据支持和反馈，有效促进了资助育人工作的质量提升。

（二）构建四大工作平台

在"双助"模式中，经济援助为基础，个人发展援助为焦点，两者在育人核心目标下紧密结合。通过建立勤工助学、个人成长辅导、课程教育、信息服务四大平台，强化育人功能，有效提升资助和育人工作的成效。

1. 多元化的勤工助学平台

南华大学通过创新的勤工助学平台，为学生资助提供了一个多维度的解决方案，同时成为重要的育人工具。该平台通过结合校内资源和校外合作伙伴，创造了一系列多样化的勤工助学岗位，覆盖了从传统劳动到服务、创业、教辅等多个领域，从而为学生提供了广泛的实践机会。这种模式不仅拓宽了学生的实践视野，还强化了学生的自我能力，如自我管理、团队合作、创新思维等，同时培养了他们面对困难时的坚韧不拔和自立自强的精神。通过与各类企事业单位建立合作，学校能够为学生提供更加丰富和实用的勤工助学机会，使学生能够在真实的工作环境中学习和成长。

2. 个性化的成长辅导平台

针对经济困难学生的个性化成长辅导平台是对"双助"模式的另一重要

实践。该平台通过校级和院级两个层面，为学生提供全方位的成长支持和辅导。这些成长辅导中心不仅关注学生的学业发展，还涵盖了心理健康、职业规划、社交能力等多个维度，以确保每位学生都能得到个性化的关注和帮助。通过组织系列的讲座、工作坊、辅导会等活动，这些中心能够针对学生的具体需求提供专业的指导和支持，帮助学生克服成长过程中遇到的难题，促进他们在思想、学业、心理等方面的全面发展。这种个性化的成长辅导模式有效地帮助了经济困难学生突破自我限制，激发了他们的内在潜能，为他们的未来发展奠定了坚实的基础。

3. 课程化的教育教学平台

课程化教学平台深入实施了"双助"策略，通过开发和提供一系列与诚信教育、心理素质提升相关的课程和活动，强调了对学生价值观和职业技能的双重塑造。这些课程和活动采用线上与线下相结合的形式，不仅让学生对国家的资助政策有了全面的了解，还极大地激发了学生的自我激励意识和感恩情怀。此外，这一平台还特别注重培养学生的社会责任感和创新能力，通过引入社会实践和创业教育元素，鼓励学生将个人发展与社会进步相结合，从而实现自我价值的最大化。

4. 协同化的"双助"服务平台

协同化的"双助"服务平台，通过跨学科、跨部门的紧密合作，有效地整合了校内外资源，建立了一个全方位的服务体系。这一平台不仅涵盖了资助政策的广泛宣传和学生个性化关怀，还通过线上服务平台，如官方网站、移动应用等，提供了一站式的咨询、申请和反馈服务，极大地提升了资助工作的效率和学生的满意度。更重要的是，这一服务平台促进了学校与社会资源的有效对接，为学生提供了更多实习、就业和创业机会，加强了学生的实践能力和社会适应能力，为学生的全面发展和未来职业生涯的成功奠定了坚实基础。

（三）开展三大特色活动

课外活动作为资助育人"双助"模式中的核心组成部分，承担着至关重要的育人职责。针对经济条件较差的学生群体，学校定期组织系列特色活动，如"圆梦计划""创业实践""能力拓展项目"，这些活动旨在通过实践锻炼促进学生的全面成长，并将经济帮助与个人发展紧密结合。

1. 实施"圆梦行动"

为激发家庭经济困难学生的潜力和动力，通过成立"圆梦基金"并实施"圆梦计划"，积极帮助学生实现自己的梦想和目标。该计划面向全体学生开放，特别鼓励和欢迎家庭经济条件不佳的学生提交项目申请，涵盖了专业技能提升、参与公益活动、进行创新创业等广泛领域，意在促进学生在专业知识和社会责任感等多方面的成长。例如，支持学生举办个人艺术作品展览、参与专业领域的高级培训课程或是策划并执行具有社会价值的公益项目。

2. 开展创业实践

要创造独特的学习和成长环境，其中包括完全由学生管理的超市和文化用品中心。这些实体不仅是商业运营的平台，更是提供给学生尤其是家庭经济困难学生宝贵的创业和实践机会。通过参与到这些日常运营中，学生能够将课堂上学到的理论知识应用于实际工作之中，深入体验市场经营的各个方面。在这个过程中，学生不仅能够学习如何自主管理业务、创新产品和服务，还能够在团队中扮演不同的角色，学习有效的团队协作和沟通技巧。这种由学习到实践的转化，不仅为他们提供了实际操作的机会，也极大地增强了他们解决实际问题的能力，为将来的职业生涯奠定了坚实的基础。通过这种模式，南华大学成功地将经济资助与成长扶助相结合，使学生在实践中成长，在成长中实现自我价值。

3. 开展全面的素质拓展活动

积极实施"双助"模式，精心整合"5+5"素质拓展计划，目标是全方位强化学生的专业技能与个人素质。该计划涵盖了五项核心技能培训和五大综合能力提升，包括但不限于高效利用统计分析软件、掌握至少一种外语、提高办公自动化软件应用能力、增强表达与沟通技巧等。通过一系列精心设计的培训课程和活动，学校不仅提供了技术技能的学习机会，还提供了创业指导、社会服务项目、文化交流等多元路径，旨在全面提升学生的适应性、创新思维和团队合作能力。

此外，要注重培养学生的积极人生态度和健康的心理状态，通过各种沟通协调和团队建设活动，鼓励学生积极参与，挖掘个人潜能，同时学会感恩和回馈社会。这些活动不仅帮助学生在学术上取得进步，更重要的是促进了他们品德的提升和人格的完善，为他们未来的职业生涯和个人发展奠定了坚实的基础。通过"双助"模式下的"5+5"素质拓展项目，南华大学致力于培养出既具备专业知识技能，又拥有良好综合素质的未来社会栋梁。

三、"双线"模式的主要特点

"双线"模式作为当前高等教育体系中资助与育人结合的创新实践，有效推进了资助与育人功能的融合。该模式展现了保障与发展并重、引导与自主融合、全面与个性统筹等核心特征。

（一）保障与发展并重

"双线"模式基于经济资助的保障性，强调发展性支持的重要性，平衡了经济援助的保障角色与成长支持的发展作用。在保障层面，致力于减轻学生的经济负担，通过建立完整的资助项目体系，确保家庭经济困难学生从入学前到毕业后的全过程得到有效帮助，享受无忧的学习环境。在发展层面，依托线上线下资源，利用教育培养、创梦活动、创业指导、能力提升等多元路径，促进经济困难学生全面素质与能力的提升，达到基础保障与个人发展的双重目标。

（二）引导与自主融合

"双线"模式重视学校引导与学生自主的结合，通过二者的有效融合，增强资助育人工作的效能。学校方面，结合校园实际，综合运用人力、财力、物资资源，精心策划与执行，创新适合当代学生需求的资助育人策略。学生方面，作为扶助活动的中心，在校方指导下，按照自身需求自主参与各类成长支持项目，激发自我提升的动力，实现自我驱动的学习与成长。

（三）全面与个性统筹

"双线"模式面向所有经济困难学生，致力于实现资助育人的全员覆盖，确保每位经济困难学生均可享受到国家助学金等资助项目，参与必要的育人活动。在满足全体学生需求的同时，针对学生的个别差异和特定需求，设计差异化、个性化的扶助计划，如为新学生提供专门的成长辅导、开展多样化的勤工助学项目、举办专项能力培训营等，满足每位学生的独特需求，促进其个性化发展。

四、"双线"模式发展的思路探索

与传统的学生资助方式相比，"双线"模式在育人效果上展现出更加显著的优势。面对新时代对学生资助工作提出的新挑战及学生成长发展的新期望，高等教育机构需进一步深化"双线"模式的时代价值，通过创新策略和方法，推进资助与育人的整合，实现质的飞跃。

（一）依据"全面育人"策略深化"双线"模式

"全面育人"理念作为新时代高等教育育人工作的灵魂，呼吁高等教育机构全方位、多维度地关注学生的成长和发展。在这一指导思想的照耀下，高校需从多个角度入手，全力以赴构建一个更为全面、高效的育人体系。这意味着高校不仅要在物质上给予家庭经济困难学生充足的保障，更要在精神、知识、技能、情感等方面提供广泛的支持和培养，以期促进其全面发展。

首先，高校应加强资助团队的专业化建设，增强其育人能力。通过定期的培训、研讨和实践活动，使资助工作人员不仅精通资助政策，更要熟悉学生心理、成长规律，以便更好地进行心理辅导和成长引导。

其次，深入挖掘和理解学生资助与成长的内在联系，创造性地将资助工作与学生个人成长紧密结合。高校应通过调研和反馈，精确掌握学生需求，设计和实施更符合学生实际情况的资助项目，既解决其眼前的经济困难，又促进其技能和能力的发展。

再次，坚持改革创新是提升"全面育人"实效的关键。高等教育机构要不断探索和实践新的教育理念、教育模式和教育方法，如引入线上教育资源、开展丰富多样的实践活动、制定个性化成长计划等，以适应时代发展的需求。

再次，完善制度框架，确保"双线"模式的有效实施。通过完善相关政策、明确工作流程和责任分配，建立起一套覆盖全体成员、贯穿全过程、包含全方位的资助与育人工作体系，保障每一位家庭经济困难学生都能得到必要的帮助和支持。

最后，持续优化"双线"模式，确保其与时代发展同步，更好地满足家庭经济困难学生的实际需求。通过定期评估和调整，确保资助与育人工作的有效性和实效性，帮助每一位家庭经济困难学生顺利过渡到社会，实现自我价值。

总之，只有通过全员参与、全过程管理、全方位育人，高等教育机构才能在新时代背景下有效实施"全面育人"理念，确保家庭经济困难学生的全面发展和顺利成才。

（二）利用"智能资助"推动"双线"模式的演进

在当今信息化快速发展的背景下，"互联网+"技术已成为教育领域创新和优化服务的重要工具。针对这一发展趋势，高校有必要充分利用其技术优势，建立和完善一套"智能资助"系统，以期为家庭经济困难学生提供更加精准和高效的资助及成长扶助服务。

首先，高校应通过集成大数据分析、云计算、人工智能等现代信息技术手段，开发出一个全面集成的"智能资助"平台。这个平台能够实现对学生基本信息、经济状况、学习成绩、心理健康等多维度数据的全面收集和分析，实现资助数据的深度对接与全面共享，从而提高资助决策的科学性和精准性。

其次，依托于先进的信息技术，构建一个立体、动态的资助育人"大数据平台"。这个平台不仅能够为学生提供一站式查询、申请和反馈的资助服务，而且能够通过数据挖掘和智能分析，精确掌握家庭经济困难学生的个性化需求和成长变化，及时发现学生在学习、生活、心理等方面可能遇到的问题，为其提供个性化的辅导和帮助。

其次，高校还应充分利用"智能资助"系统的技术特点，加强与学生的互动沟通。通过系统中的在线咨询、心理辅导、职业规划等功能模块，为学生提供更加便捷、贴心的服务。同时，还可以通过大数据分析，为学生推荐更适合他们的学习资源、实习机会和就业信息，助力学生的全面成长和个人发展。

最后，高校应不断完善和优化"智能资助"系统的功能和服务范围，根据学生需求和社会发展的变化，及时调整和更新服务内容，确保系统的时代性和有效性。通过不断的技术创新和服务优化，高校可以更好地发挥"智能资助"系统在促进家庭经济困难学生成长发展中的作用，为他们提供更加精准、高效、人性化的资助与支持。

（三）通过劳动教育增强"双线"模式的实效

在遵循中共中央、国务院《关于全面加强新时代大中小学劳动教育的意见》精神的基础上，高校面临着将劳动教育融入学生日常学习和生活中，尤其是对家庭经济困难学生的育人策略的创新需求。这一指导思想不仅强调了劳动的重要价值和美德，更明确提出了培养学生的勤俭、奋斗、创新和奉献精神，以及塑造良好的劳动习惯的教育目标。因此，高等教育机构应当结合新时代的培育要求，积极探索和实践"双助"模式下的勤工助学与实践服务等劳动教育新形式，以更有效地培育和激励家庭经济困难学生树立正确的劳动观念，通过劳动实践培养其自立自强的品质和全面发展的能力。

首先，高校应通过整合内外部资源，设计和实施一系列具有实践性和创新性的劳动教育项目。这些项目旨在通过勤工助学、志愿服务、社区服务、科研实践等多种形式，让学生在实践中学习劳动技能、认识劳动价值、体验劳动成果，从而内化为勤劳奋斗、创新奉献的精神和价值观。

其次，高校应将劳动教育纳入人才培养体系，与专业教育相结合，开展多层次、宽领域的劳动教育活动。通过设立劳动教育课程、开展劳动技能竞赛、组织社会实践活动等方式，增强劳动教育的系统性和针对性，使学生在参与中学习到如何将劳动与学习、生活和社会服务相结合，培养多方面的能力。

再次，高校应创新劳动教育的评价机制，建立以劳动表现为重要参考的奖励和评价体系，通过对学生劳动态度、劳动技能和劳动效果的评价，激励学生认真参与劳动活动，培养学生的责任感和成就感。

再次，高校还应加强对家庭经济困难学生的关注和支持，确保这部分学生能够平等参与劳动教育活动，通过劳动改善其经济条件，同时获得成长和发展的机会。

最后，高校应建立与社会企业、公益组织的合作平台，拓展劳动教育的外部资源和实践领域，为学生提供更加丰富多样、接地气的劳动实践机会，使劳动教育更加贴近社会需求，增强其实用性和有效性。

通过上述措施，高校可以在新时代背景下，有效推进"全面育人"战略，深化"双助"模式下的劳动教育实践，为培养具有社会责任感、创新精神和实践能力的新时代社会主义建设者和接班人提供坚实的教育支持。

第三节 高校资助育人的发展方向

在当今社会，高等教育已成为青年成长和发展的重要阶段。然而，经济条件的差异常常成为许多有才能的学生追求高等教育的障碍。在这一背景下，高校资助育人的重要性日益凸显。资助育人不仅意味着为经济困难的学生提供必要的经济支持，帮助他们顺利完成学业，更重要的是，它被视为一种全面提升学生综合能力、培养未来社会栋梁的重要途径。通过资助计划，学生不仅能够减轻经济压力，还能够获得参与学术研究、实践活动、国际交流等多种形式的机会，从而拓宽视野，增强自我发展能力。因此，高校资助育人的目标远远超越了简单的经济援助，它通过构建一个多维度支持系统，旨在促进学生个人品质的提升和未来职业生涯的成功。

一、经济资助的优化和创新

进一步提升高校资助育人计划的效果，关键在于实施两大策略：切实提高经济资助的针对性和有效性以及积极探索和实施创新资助模式。

（一）切实提高经济资助的针对性和有效性

要确保经济资助计划既针对性强又效果显著，高校必须首先从准确地识别出那些最需要帮助的学生开始。这一过程要求学校建立一个全面而细致的评估体系，该体系需要涵盖学生的家庭经济条件、在校学习成绩、参与社会活动的情况以及其他可能影响学生学习和生活的个人特殊情况等多个方面。通过这种多维度的全面评估，可以更加精准地确定哪些学生最需要资助，同时也能够根据学生的具体情况制订更为个性化的资助计划。

为了实现这一目标，高校可以采用先进的数据分析技术结合传统的人工审核方法，以确保评估的公正性和准确性。数据分析可以帮助快速筛选出潜在的资助对象，而人工审核则可以进一步验证数据分析的结果，并考虑到数据分析可能忽略的学生个人情况。这种结合使用数据分析和人工审核的方法，不仅可以提高资助的效率，还能确保资助真正达到那些最需要帮助的学生手中。

此外，为了保证资助计划的长期有效性，定期的跟踪和反馈机制显得尤为重要。高校应当建立一套系统的跟踪机制，定期收集受资助学生的学习成绩、参与社会活动的情况以及他们的生活状况等信息。通过这些信息，学校可以对资助计划的效果进行评估，并根据评估结果及时调整资助策略，以确保资助措施始终保持其针对性和有效性。例如，如果某项资助计划被发现并没有显著提高受助学生的学业成绩或生活质量，学校就应当考虑调整该计划，或是寻找更为有效的资助方式。

通过这样一个循环不断的优化过程，高校能够确保其经济资助计划不仅能够帮助那些真正需要帮助的学生，还能够持续地提升资助的整体效果，真正实现资助育人的目标。

（二）创新资助模式

在当下这个快速发展的时代，随着科技的不断进步和社会结构的深刻变化，寻找创新的资助模式已经成为提高资助活动效率和扩大其社会影响力的关键途径。众筹，这一基于互联网的资金筹集新方式，为资助育人的行动开辟了新的渠道。它允许来自社会各个阶层的人士通过一个相对简单直接的方式参与到对教育的支持中来。通过在各种在线平台上展示学生的个人故事、学习目标和具体的经济需求，众筹不仅能够有效地吸引公众的注意力，引来更多的资金支持，同时也能够提升公众对教育机会平等的认识和关注。

此外，校友捐赠作为一种根植于高校文化中的传统资金来源，其在促进资助活动中的潜力绝不应当被忽视。通过举办校友聚会、建立校友网络平台、设立特别的校友捐赠基金等措施，高校可以有效地增强校友群体的归属感和责任意识。当校友们看到自己的母校正在做出努力，帮助下一代学子顺利完成学业时，他们往往愿意贡献自己的一份力量。这种来自校友的支持不仅体现在经济资助上，还可能包括提供实习机会、职业指导甚至是一对一的学业辅导，这些都极大地丰富了资助育人的内容和形式。

这些创新资助模式的探索和实践，不仅能够为学生提供更多样化和灵活性更强的资金支持，还能够激发社会各界对高等教育的支持和参与。通过众筹和校友捐赠等方式，资助育人的理念和实践得以在更广泛的社会层面上得到推广和实施，这不仅有助于缩小教育资源的分配不均，也有助于构建一个更加包容和公平的教育生态系统。在这个过程中，每一个参与者都能够感受到自己对改善教育状况、促进社会进步所做出的贡献，这种参与感和成就感，进一步促进了社会对教育支持的热情和持续性。

总之，通过提高经济资助的针对性和有效性，结合探索和利用众筹、校友捐赠等创新资助模式，高校能够为学生提供更加全面和有效的支持，促进其全面发展，同时也增强了社会对高等教育的支持和参与。这样的策略不仅有助于缓解学生的经济压力，更重要的是能够激发学生的潜能，将他们培养成为具有社会责任感和创新能力的未来人才。

二、学术与职业技能资助

在当今社会，高等教育的目标不仅是传授知识，更重要的是培养学生的综合素质和实践能力。因此，高校资助育人计划应当超越传统的经济资助范畴，更加注重学术与职业技能的培养。以下是具体实施策略：

（一）在资助工作中增加教育培训

为了全面提升学生的学术和职业能力，高校必须将教育培训项目作为资助计划的一个核心组成部分。这种教育培训不仅应涵盖学术领域的深化知识，也应包括为职业生涯做准备的实用技能。实现这一目标的有效途径之一是举办一系列精心设计的讲座、工作坊和培训班。

具体来说，高校可以积极邀请在各个行业内享有盛誉的专家和在学术界具有重要影响力的领袖来校授课。这些讲座不仅可以为学生提供最前沿的行业知识和科研成果，还能激发学生探索未知领域的热情，激励他们追求学术卓越。通过与这些领域的佼佼者面对面的交流，学生能够直接获得宝贵的经验和建议，从而更有信心和动力投身于自己感兴趣的研究或职业道路。

同时，为了让学生在未来的职场竞争中更具优势，高校还需要开设旨在培养软技能的培训班。这包括但不限于领导力、团队协作能力、公共演讲技巧等。这些软技能在今天的职场环境中极为重要，它们可以帮助学生在团队中更有效地沟通、领导和协作，进而提升整个团队的工作效率和创造力。

此外，对于那些希望进入特定行业的学生，高校应提供专业的技能培训课程，如编程语言、数据分析技巧、设计原理等。这些课程不仅可以帮助学生掌握职业生涯中必需的技术技能，还能够加深他们对所选择行业的理解，使他们在未来的职业规划中更加明确和有方向。通过这样的专业技能培训，学生不仅能够在技术上达到行业标准，更能在求职过程中展示自己的独特价值和能力，从而大大提高自己的职业竞争力。

综上所述，通过在资助计划中融入这些教育培训项目，高校不仅能够帮助学生提升学术水平和职业技能，更能为他们的全面发展和未来成功打下坚实的基础。

（二）与三方组织合作开展社会实践

在高校教育中，给学生提供更多的社会实践机会是至关重要的一环，这有助于学生将理论知识与实际工作经验相结合，为其未来的职业道路打下坚实基础。为此，高校应当采取主动策略，与包括政府部门、非营利组织和企业在内的三方组织建立紧密而有效的合作伙伴关系。这样的跨界合作不仅为学生开拓了实践学习的平台，也为他们进入职场网络提供了通道。

通过与政府部门的合作，学生有机会深入了解公共政策的制定与执行过程，参与到真实的政策研究与讨论中去。这不仅能够锻炼学生的政策分析能力，提升他们处理复杂公共事务的能力，还能够增强他们对国家和社会运作机制的理解。例如，参与政府的社会调查项目或政策评估项目，能够让学生从实践中学习如何运用数据分析、调查研究等方法来解决实际问题。

与非营利组织的合作，则为学生提供了参与社会服务与社会创新项目的机会。通过这类项目，学生不仅能够将自己所学的知识用于解决社会问题，还能够在实践中培养社会责任感和公民意识。这种实践经验不仅对个人成长有着重要影响，也对促进社会进步具有积极作用。比如，通过参与贫困地区的教育支持项目或环境保护活动，学生可以亲身体验到自己对社会的贡献，从而增强自我价值感。

企业合作则主要提供给学生实习和实训的机会，使他们能够直接参与到企业的日常运作中去。这种经验对学生理解行业趋势、掌握职场技能、构建职业规划都有着不可估量的价值。通过实习，学生不仅可以学习到实际工作中的专业技能，还能通过与企业员工的交流和合作，学习到团队合作、项目管理等职场必备的软技能。此外，优秀的实习表现还可能直接转化为就业机会，为学生的未来职业发展提供跳板。

综上所述，通过与三方组织的紧密合作，高校能够为学生提供一个包含实习、社会服务和公共政策参与等多样化的社会实践平台。这种丰富的实践经验不仅能够帮助学生更好地将所学知识应用于实践中，还能够为他们积累宝贵的工作经验和社会联系，为未来的职业生涯奠定坚实的基础。

通过这些措施，高校资助育人计划能够更全面地支持学生的学术成长和职业发展，帮助他们在未来的学习和工作中取得成功。这不仅反映了高校对学生全面发展的关注和支持，也体现了高校教育与社会需求紧密结合的教育理念。

三、创新创业支持

在当前快速变化的经济环境中，创新和创业能力已成为学生未来成功的关键因素。因此，高校资助育人计划中，支持学生的创新创业项目显得尤为重要。下面是通过资助计划支持学生创新创业项目的具体措施以及通过分析成功案例总结的经验教训。

（一）支持学生创新创业项目的策略

为了充分激发和支持大学生的创新精神与创业意识，高等教育机构应当采取更为主动和具体的措施。

首先，建立专门的创新创业基金是支持学生从概念阶段迈向实际操作的关键一步。这些基金的设置可以针对性地解决学生在创业初期可能面临的资金难题，如用于购买实验材料、开发产品原型、进行市场调研等活动。通过这种资助方式，学校不仅可以降低学生创业的经济门槛，还能显著提升学生将创意想法实现的可能性。这种初始阶段的支持对于验证产品概念、吸引后续投资至关重要，有助于学生项目从理论走向市场的转变。

其次，除了财务支持之外，高校还应提供全方位的创业辅导服务。这包括但不限于举办针对性的创业培训课程，邀请有经验的企业家和专家作为导师进行一对一指导以及提供法律、财务等方面的咨询服务。这些辅导服务能够帮助学生克服创业过程中可能遇到的各种困难和挑战。例如，通过创业培训课程，学生能够学习到如何有效地制订商业计划书、进行市场调研、分析竞争对手以及如何通过各种渠道吸引投资和资源。此外，经验丰富的导师不仅可以提供宝贵的行业见解和建议，还能够帮助学生扩展他们的专业网络，为他们的项目寻找潜在的合作伙伴或投资者。

通过这样的实践和辅导，学生不仅能够将自己的创新想法转化为具体的商业项目，还能在创业的过程中学习到宝贵的经验，为将来的职业生涯奠定坚实的基础。高校通过提供资金支持和综合辅导服务，不仅能够培养学生的创新能力和创业精神，还能促进学校与社会、产业的紧密联系，为促进社会经济发展做出贡献。

（二）成功案例分析与经验教训总结

一个具体而鼓舞人心的成功案例涉及一所高校利用其设立的创新创业基金，积极支持了一个专门为视障人士设计的导航移动应用开发项目。开发这个项目的初衷是通过技术创新来提高视障人群的生活质量，使他们能够更自信、更独立地进行日常导航。高校不只是提供了项目所需的初始资金，以覆盖原型开发、市场调研等关键初期费用，还进一步通过将项目团队与来自科技和社会服务领域的专家导师相匹配，为该项目注入了丰富的行业知识和实践经验。

这种校方的全方位支持极大地加快了项目的开发进程。在导师的指导下，团队不仅成功地开发出了功能完善的应用原型，而且还在多个国内外创业和创新比赛中获得了高度认可。这些比赛的获奖不仅为项目团队带来了荣誉，更重要的是提高了项目的知名度，吸引了广泛的公众关注。最终，这一系列的成功经历和高曝光度吸引了外部投资者的注意，项目成功获得了进一步的资金支持，为其后续的完善和市场推广奠定了坚实的财务基础。

通过这个案例我们可以看到，高校对于学生创新创业项目的支持不仅仅局限于资金层面。通过提供专业导师的匹配、创造参与竞赛的机会等，高校能够为学生创业项目提供一个全面发展的平台。这样的支持不仅有助于项目的技术开发和市场验证，更重要的是能够帮助学生团队建立起自信心，鼓励他们面对挑战，持续推进项目，最终实现从学术理念到商业实践的转化。这个案例充分展示了高校在促进学生创新创业活动中的积极作用以及这些活动在解决社会问题、推动科技进步方面的巨大潜力。

总之，通过为学生创新创业项目提供资金支持和综合服务，高校不仅能够激发学生的创业热情和创新能力，还能帮助他们积累实践经验，为将来的职业生涯奠定坚实的基础。同时，通过分析成功案例，高校可以不断优化自己的支持策略，更有效地促进学生创新创业活动的开展。

四、社会实践和志愿服务

在当今教育体系中，社会实践和志愿服务已成为促进学生全面发展的重要组成部分。高校的资助育人计划应当充分利用这一点，鼓励和支持学生积极参与社会实践和志愿服务活动，以此作为一种实践教育的手段，帮助学生将理论知识应用于实际，同时培养他们的社会责任感和公民意识。

（一）鼓励学生参与社会实践和志愿服务的策略

高等教育机构在培养学生的同时，承担着引导学生积极参与社会实践和志愿服务的重要责任。为了有效激发学生的参与热情，高校可以实施一系列具体的激励措施，其中最直接有效的方式是提供专门的奖学金或资助项目。这些经济激励不仅能够有效缓解学生参与社会服务活动时可能遭遇的经济压力，更重要的是它们代表了学校对学生社会贡献的高度认可和积极鼓励。

实施这类激励计划时，高校可以根据学生参与社会实践和志愿服务的性质、深度和广度来设置不同级别的奖励。例如，可以设立"社会服务奖学金"，专门奖励那些在社区服务、环境保护、公益项目等领域表现突出的学生。这种奖学金既可以是一次性的经济奖励，也可以是有一定日期的资助项目，以适应不同类型和持续时间的社会实践活动。

此外，这些奖励项目应当被设计得尽可能包容，鼓励更多学生从自己感兴趣的领域出发，参与到社会服务中来。通过明确地表达学校对社会参与行为的支持和鼓励，这些奖学金和资助项目不仅能够激发学生的参与热情，还能够在学生群体中形成积极参与社会服务活动的良好风气，进一步促进学校社会责任感和公民意识的整体提升。

为了更广泛地促进学生的社会参与并丰富他们的实践经验，高校应积极探索与本地社区、非营利组织以及政府部门之间的合作机会。通过建立这些合作伙伴关系，学校能够为学生提供一系列更为多样化和实质性的社会实践及志愿服务机遇。这种跨界合作不仅拓宽了学生参与社会服务的渠道，更为他们提供了一个实际操作的平台，使他们能够直接投身于解决社区问题、参与公益项目或是协助政府部门开展特定的社会服务活动中去。

通过参与这些由合作伙伴提供的项目，学生有机会将自己在课堂上学到的知识应用于真实世界的问题解决中，这种经验对于他们理解社会需求、学习如何有效地沟通和协作解决问题至关重要。例如，通过与非营利组织合作，学生可以参与到当地的环保项目、社区教育计划或健康宣传活动中，这不仅能够帮助他们了解这些领域的实际工作流程，还能够让他们在实践中提升相关的专业技能。

同时，这些合作项目还是学生学习团队协作、领导力和项目管理等重要职业技能的绝佳机会。在参与社会实践和志愿服务的过程中，学生往往需要与来自不同背景的人合作，这不仅能够增强他们的团队合作能力，还能够提升他们的社交技能和跨文化沟通能力。此外，参与这些项目还能够帮助学生建立起广泛的社会联系网络，这对他们未来的职业发展和社会参与都有着不可估量的价值。

总而言之，通过与本地社区、非营利组织和政府部门等合作伙伴建立合作关系，高校不仅能够为学生提供丰富多彩的社会实践和志愿服务机会，还能够帮助学生在实践中学习和成长，提升他们的专业技能、团队协作能力以及解决实际问题的能力。这样的合作不仅有助于学生的个人发展，也为社会的进步贡献了力量。

（二）社会实践和志愿服务对个人发展的影响

参与社会实践和志愿服务活动在促进学生个人发展方面扮演着极其重要的角色。这类活动不仅为学生提供了一个将课堂所学知识应用于现实生活中的平台，而且还极大地增强了他们解决实际问题的能力。在参与这些活动的过程中，学生有机会亲身体验并直面社会中的各种挑战，这些经历使他们能够以全新的视角重新认识和理解理论知识。

首先，通过社会实践和志愿服务，学生能够在实际的工作环境中应用他们在课堂上学习的理论和概念。无论是参与社区建设、环境保护还是提供教育支援，学生都能够在这些活动中找到理论与实践相结合的机会。这种直接参与解决问题的过程不仅能够帮助他们更深刻地理解学科知识，还能够激发他们对所学领域的兴趣和热情。面对真实世界的挑战能够极大地提升学生的问题解决能力。在社会实践和志愿服务活动中，学生往往需要识别问题、分析情况并提出解决方案。这一过程不仅需要他们运用所学知识，还要求他们灵活运用批判性思维和创造性思维。通过这些经历，学生能够学会如何在复杂和不确定的环境中做出决策，从而在实际操作中不断完善和提高自己的专业能力。

其次，参与这些活动还可以帮助学生建立起对专业知识实用价值的深刻理解。在将理论应用于解决实际问题的过程中，学生能够直观地见证自己所学知识在社会实践中的应用，这不仅有助于加深他们对专业知识的理解，更能够让他们认识到学习的目的不仅仅是为了考试或获得学位，而是为了在未来的职业生涯中发挥实际作用，解决社会问题。

再次，参与社会实践和志愿服务不仅是学生学习和个人发展的重要组成部分，它们还在塑造学生的社会责任感和公民意识方面发挥着关键作用。通过这些活动，学生有机会直接参与到社会服务中，亲身体验并解决社会问题，这种经历能够让他们对社会的需求有一个更加直观和深刻的了解。面对真实世界的挑战，学生不仅能够见证问题的复杂性，还能够认识到自己在社会变革中可以扮演的角色，从而逐步培养起积极为公共利益贡献自己力量的意识和责任感。

这种通过实践活动培养的社会责任感和公民意识对学生的个人品德塑造具有重要影响。参与志愿服务和社会实践的学生往往更加理解团结协作的价值，更加尊重多样性和包容性，同时也更加愿意在遇到社会不公和挑战时采取行动。这种积极的社会参与态度不仅能够促进个人的道德成长，还能够在长远中对社会产生积极的影响。

最后，通过参与这些活动，学生能够获得宝贵的领导经验，学习如何有效地组织和动员资源以解决社会问题。这种经历是培养未来社会领导者的重要途径。领导力的培养不仅需要理论学习，更需要在实践中的锻炼和体验。社会实践和志愿服务为学生提供了这样的平台，使他们能够在实际操作中学习如何领导团队、制订计划、执行项目，并通过这些过程中的成功与失败来不断提升自己的领导能力。

因此，参与社会实践和志愿服务活动不仅可以显著提升学生的社会责任感和公民意识，还能够在他们的心中种下积极参与社会、贡献自己力量的种子。这不仅对学生个人的成长和发展有着积极的影响，而且对培养具有强烈社会责任感和公民意识的未来社会领导者也具有重要意义。通过这些活动，学生不仅能够为社会做出贡献，还能够在这一过程中实现自我成长和自身价值。

　　总之，通过资助育人计划鼓励学生参与社会实践和志愿服务，高校不仅可以促进学生的全面发展，还可以将他们培养成为具有社会责任感和公民意识的优秀人才。这样的实践教育对于学生个人成长以及社会整体进步都具有重要的意义。

第四章　高校资助育人体系的构建

第一节　以经济资助为基础

一、我国高职院校经济资助的发展现状

（一）资助理念有待进一步更新

在我国，向学生提供经济援助，以缓解他们的生活困难，长久以来一直是一种效果显著的资助手段。然而，随着社会持续进步，对学生的帮助方法也应随之演变——不仅要关注学生目前的物质需求，更应更新我们的资助观念，着眼于学生的长远成长。

通过对经济条件较差学生的问卷调查发现，当询问学生"你如何看待资助与育人目的的关系"时，大多数学生认为二者同样重要。因此，高等职业技术学院的资助人员不应该仅仅停留在向学生提供经济资助的层面，而应结合育人理念，发挥资助的育人功能，即在经济上援助学生的同时，在思想和道德层面上也提供必要的指导和支持。

另外，越来越多经济条件不佳的学生开始意识到提升个人的综合素质和能力对于解决困境至关重要。在被问及"您认为解决个人困难最有效的方式是什么"时，超过90%的受访者表示，提高自身的综合素质和能力是解决问题的关键。因此，遵循"授人以鱼不如授人以渔"的原则，在提供物质帮助

的同时，应更加重视提升高等职业技术学院经济困难学生的综合素质，确保他们在毕业后能够胜任社会上的激烈竞争。

（二）经济资助虽然方式多样，但系统性不强

对经济条件不佳的学生而言，提供经济上的援助无疑是解决其紧迫需求的基石，因为只有当学生不再为经济问题所困扰时，他们才能全心全意地专注于学业。我国的学生资助政策经过多年发展，已形成了一个包括奖学金、助学贷款、勤工助学、经济困难补助、学费减免以及"绿色通道"等多元化资助政策体系。根据调查，询问学生"您所接受的资助方式包括哪些"时，多数受助学生表示他们至少获得了一种资助形式。其中，接受奖学金资助的比例最高，为48.58%，而接受社会捐赠的比例最低，仅为1.89%。调查结果显示，尽管家庭经济困难的高职院校学生能够通过我国资助政策的一种或多种形式获得经济援助，顺利完成学业，但当前的资助方式存在分配不均匀、比例失衡的问题，一些资助方式的配置不尽合理，缺乏系统化的策略。在对家庭经济困难学生的满意度进行调查时，发现绝大多数学生对当前资助政策的援助强度表示满意。然而，从少数学生的不满意反馈中发现，仍有改进空间以提高学生的满意度。

学生对资助政策不满意的主要原因有如下几种：第一，对家庭经济困难学生的定义不够明确，尽管国家已经根据家庭收入水平对经济困难学生进行了分类，但由于收入界定的模糊性，部分学生可能提供不实信息，引发了一些学生的不满。第二，助学金的评定和发放程序缺乏规范性，导致部分学生的评定结果与实际情况不符，引起不满。第三，资助过程缺乏透明度和公正性，虽然信息保密措施在一定程度上保护了学生隐私，但也导致了一些学生对资助透明度的质疑。第四，学生贷款手续烦琐，银行贷款程序的复杂性使得贷款和还款过程令人头疼。第五，物质援助与精神支持之间存在不平衡，目前许多学校在物质资助上的投入远大于精神上的关怀，需要平衡两者以提

升资助的整体满意度。第六，勤工助学岗位供不应求，许多家庭经济困难学生希望通过自身劳动改善经济状况，但岗位数量有限。因此，尽管我国的资助方式多样，但需要更有效的统筹与管理以避免负面评价。

由此看来，资助对象应不仅限于家庭经济困难学生，而应考虑到所有有学习和发展需求的学生。目前的资助方式是否足够全面，以及是否还有其他方式可以提供必要的支持是值得深思的问题。因此，对于高职院校家庭经济困难学生的资助工作，迫切需要构建更加科学、民主、合理、统筹和系统化的资助体系。

（三）学生有着全面发展的需求

在社会持续进步和人类文明不断向前发展的当下，家庭经济条件不佳的学生的需求已经不仅限于经济援助。他们追求的是更为全面的个人发展机会。一项针对高等职业技术学院学生的调查研究揭示，在回答"您认为哪种资助方式更合理"这一问题时，高达86.12%的受访者表达了他们希望国家、社会以及学校不仅提供经济支持，也能够注重他们的能力提升，以促进其个人能力的全面发展。

在询问学生对于新型资助方式的偏好时（可多选），最多学生选择了"扩展资助方式，支持参与实践活动，增强综合能力"（占比76.97%）。其次是"增加勤工俭学的机会，为更多学生提供帮助"（占比72.56%），这一选择与学生提到的当前资助活动中的不足相呼应，表明绝大多数家庭经济条件不佳的学生渴望通过勤工俭学改善自己的经济状况。同时，超过一半的学生希望"建立专项奖学金，有效解决他们的生活和学习需求""创建学习交流平台，促进互相学习和激励""重视家庭经济条件不佳学生的心理健康，提供心理健康咨询服务"。这些反馈进一步印证了学生对于获得全面发展机会的强烈需求。

这些调查结果强调了家庭经济条件不佳的学生对于接受更为全面支持的渴望，包括但不限于经济帮助的多元化资助方式。他们追求的是在经济援助的基础上，获得能力提升、生活质量提高以及心理健康支持，以实现个人的全面发展和成长。

二、建立以经济资助为基础的高职院校发展型资助体系

对高等职业技术学院中经济条件较差学生所进行的问卷调查显示，在被问到"您认为国家、社会及学校资助学生的主要目的是什么？（可多选）"这一问题时，最多学生选项是获得经济上的支持，如调查结果所示。这表明，尽管这些学生对自我发展有着极高的期望，但在实现这些发展目标之前，他们的经济困难必须首先得到解决，以便他们能够专注于个人的全面成长。因此，构建一个以经济援助为核心的资助体系成了首要任务。在具体实施时，我们可以从以下几个方面着手：

（一）完善资助认定流程，确保准确识别

为了确保高职院校中经济条件不佳学生能够准确地被识别并得到必要的支持，建立一个精细化的发展型资助体系成了关键。这就要求制定一个从"学校（学院）——学院（系部）——年级——班级"四级递进的资助认定流程。在利用现代技术手段，特别是大数据技术来实现对家庭经济条件不佳学生精准识别的过程中，学校可以依托大数据的分析能力，结合互联网技术，通过分析大量数据来深入了解和掌握学生的家庭经济背景和个人消费行为。这种"一人一策"的方法允许根据每位学生的具体情况来制定个性化的资助计划。

资助资金作为对学生经济援助的核心，是确保资助实施的基础。因此，构建一个以经济援助为核心的发展型资助体系，需充分利用国家、社会及学校提供的资金资源，并激发学生的积极性，不仅要注重节约，更要探索增加资金来源的新途径。首先，可以利用学校与地方企业的合作网络，加强校企合作，加大企业对高职院校经济困难学生的资助力度。其次，充分利用学校的人才培养优势，动员校友力量，无论是企业还是个人，设立校友基金或奖

学金，不仅增加了资助资源，同时也增强了学生群体的凝聚力，激发了受助学生的感恩之心。再次，创建独具特色的校园奖学金，这些奖学金可以来源于教职员工的捐赠或学生间的相互帮扶。最后，鼓励并引导受资助的学生通过勤工助学等活动自我赋能，甚至建立特定的助学基金，既促进了自助互助的良好风气，也为经济困难学生的群体提供了更多样的支持渠道。

（二）优化资助政策框架，增强政策效应

在我国高等职业技术学院中，资助政策体系广泛，涵盖了国家级奖学金、助学贷款、学费补贴、勤工助学、院校特设奖学金、紧急经济援助、餐费补助、学费减免、新生"绿色通道"等众多形式。从针对学生进行的调查中可知，几乎所有经济困难的学生都曾获得过一种或多种形式的资助。然而，尽管资助政策体系看似完备，学生满意度的调查结果却表明，其仍有改进空间以最大化资助政策的效益。通过对现有资助政策进行更加精细的调整和优化，增强特定资助类型的支持力度，能够有效提升受助学生的满意度。例如，许多学生反映，目前高职院校提供的勤工助学岗位数量不足，难以找到适合的岗位，导致他们在空闲时间缺乏充实的活动，因此，增加勤工助学岗位数量是优化资助政策的重要方向之一。此外，一些学生提出助学金申请过程中过于侧重家庭经济状况的评估，忽视了学生在校的表现和成绩。扩大鼓励型奖学金的比重，可以有效解决这一问题。高职院校可以设立专门的鼓励型奖学金基金，专门用于奖励那些学习成绩优异且家庭经济条件不佳的学生，既能减轻他们的经济负担，又能显著提升学生的学习动力和成就感。

（三）精细化资助审核流程，确保资助效率

在我国的高等职业教育体系中，为确保家庭经济条件不佳的学生得到必要的支援，已形成一套明确的资助申请与审核流程：从学生个人申请到班级集体讨论，再到学院的审查与公示，最后由学校进行终审与公示，并

对资助资料进行归档。鉴于家庭经济状况的变化可能突然发生，例如，一些本来经济状况尚可的家庭可能因为突发事件而陷入困境，反之，一些经济困难的家庭也可能因为国家扶贫政策或家庭努力而逐步改善。因此，为了确保对学生经济状况的准确评估，有必要不断优化资助审核流程，实时更新经济困难学生的信息数据库，使学生资助工作更加透明、及时、动态。

（四）公平化资助决策过程，增强资助公正性

确保对经济条件不佳学生的支援既公平又公正，需要深入了解每位学生的具体家庭经济情况，这是实施公平资助的基础。首先，辅导员应采用家访、调查、面谈和观察等多元化方式，全面掌握学生的家庭经济背景，并予以记录。其次，应根据收集的信息对学生进行科学分类，既保护学生隐私，又遵循公开、公平、公正原则。对于遭遇特殊困境的学生群体，如突发大病或自然灾害受灾家庭，应实施特别的支援措施。此外，确保评议过程的透明度和民主性也至关重要。通过组织主题班会，公开资助申请工作，让所有学生都能充分理解资助政策。在学生自愿的基础上，公开家庭经济情况，促进同学之间的理解与支持。最后，结合大数据分析，公平公正地进行民主评议，确保资助决策过程的科学性和公正性。

（五）构建完善的资助体系，维护学生利益

除了资助认定机制、资助政策框架、资助决策方法和资助审核流程外，建立健全的资助制度也是确保有效资助的关键。从资金来源角度看，高职院校需及时整合资源，扩宽资助资金的来源渠道，完善资金投入的保障机制。同时，资助工作紧密联系着学生的全面发展，是一项系统性工程，因此，各高职院校应重视资助工作的全员参与，不仅涉及学生资助相关部门和师生，也鼓励全校师生员工共同参与，关心经济困难学生，构建一个和谐友爱的校园氛围，实现育人目标与资助育人目标的有机结合。

第二节 以身心扶助为支撑

一、当前我国高等职业教育学生的全面发展情况

在 2018 年的全国教育大会上，习近平总书记强调了沿着中国特色社会主义教育发展的路径，培育德、智、体、美、劳全面发展的新时代社会主义建设者和未来的领导者的重要性。他提出了建立以健康为首要目标的教育观念，全面实施体育教学，旨在通过体育活动让学生体验快乐、增强体质和磨砺意志力。此外，习近平还强调了遵循教育的基本规律，持续推动教育的改革与创新，以促进社会凝聚、个性完善、人力开发、才能培养和社会服务为目标。同时，他提倡全方位加强和改善校园美育，坚持通过美育和文化教育来提升学生的审美和人文素质。这些指示清楚地表明了我国对提高学生身心素质的重视。此外，通过对学生的问卷调查发现，大多数学生认为，在他们的成长历程中，培养独立自主的性格和艰苦奋斗的精神极为关键。根据对学生"对校方举办的综合素质和技能训练活动的看法"的调查，有 65.3% 的学生表示，参与这些活动应基于个人需求。学生的这一需求与他们的身体和心理健康紧密相关，健康的身体和坚韧的心理素质可以极大地激发学生参与素质和技能提升活动的热情，帮助他们向着全面发展的目标迈进。通过对我国高职院校经济困难学生的实地调研和理论分析可知，目前我国高职院校学生在身心发展方面的现状主要表现在以下几个方面：

（一）心理健康挑战在高职院校经济困难学生中的显著特征

1. 普遍存在的自我贬低感

自我贬低感是指学生对自己的过度否定和低估，导致的自我形象受损和

白尊心缺失的心理状态。这种心理在一些高职院校的经济困难学生中尤为突出，因为他们在经济和物质条件方面不如其他同学，进而感到自己不够优秀，形成自我贬低的态度。这种长期的自我否定会逐渐演变成更深层次的心理问题，甚至心理疾病，成为影响这一群体学生最明显、最普遍的不健康心理反应之一。随着进入高职阶段，学生逐渐步入成年，身心发展日趋成熟，独立性和自主意识加强。在这一关键时期，如果无法正视自身的经济状况，学生可能会承受更大的心理压力，引发一系列心理问题。这种自卑感不仅会削弱学生的自信心，还可能导致他们在学习、日常生活及人际交往中遭受挫折，严重时，甚至可能给社会带来不利影响。

2. 普遍存在的嫉妒心理

忌妒心态主要是指学生对那些在道德品质、家庭经济状况、才能、成就等方面超越自己的人产生的不满和怨恨。许多家庭经济困难的学生因为出身背景或家庭经济条件较差，在生活方式、消费习惯和社交活动方面与较为富裕的同学存在显著差异，内心往往会产生不平衡感。若这种情绪未被妥善处理和引导，可能会演变成畸形的忌妒心理、不满情绪乃至怨恨感，对学生的情绪和感情产生不良影响。长期积累的这种心态若未能得到适当纠正和解决，可能会演化成严重的后果，对社会和个人均构成潜在威胁，因此对经济困难学生的忌妒心理应予以足够重视和及时干预。

3. 人际交往中的隔阂心态

隔阂心态，源于深层的自卑感，表现为学生对参与群体活动的回避，倾向于孤独行事，通过心理上的自我封闭减少与他人的互动。作为自我意识逐渐成熟的高职院校家庭经济困难学生，他们有着较为强烈的社交需求。然而，由于经济基础的薄弱，在与人交往时发现自己的生活习惯与他人存在差异，愿望与现实的矛盾使他们既想融入群体又畏惧被轻视，这种矛盾的心理状态加剧了他们的心理负担，导致他们不敢积极参与集体活动。通过保持距离以避免与他人的深入交流，他们排斥外界的关注与援助。有些学生虽有强烈的群体融入欲望，希望通过社交活动获得同伴的认同与支持，但内心的自卑与冲突使他们在交往中难以打开心扉，情绪和情感的波动不仅使其他人难以理解他们，也加剧了与同学间的疏远和冲突，进一步强化了他们的隔阂心态。

4. 未来展望中的焦虑感

焦虑感来源于对未来命运的过度担忧和欲望未能得到满足时产生的不安情绪。随着社会竞争的加剧，不同群体间普遍存在焦虑情绪，在家庭经济困难的高职院校学生中尤为突出。这部分学生大多出生于经济欠发达地区，面对大城市的高物价和生活方式差异，他们必须考虑更多问题，对结果的期待也更高，容易在学业、就业、人际关系和情感等多方面感到焦虑。这种焦虑不仅可能触发心理问题，也对他们的健康成长构成威胁。

（二）对经济困难学生的心理支持服务不足

对高职院校中家庭经济状况不佳的学生而言，提供精准的心理关怀至关重要，这不仅是实施有效的思想政治教育的关键，也是促进这些学生全面发展的基石。拥有健全的心理状态，学生才能充分接受教育，顺利学习与生活。根据对一部分高职院校经济困难学生的采访发现，当前我国大部分高职院校缺乏为这一特殊群体设计的心理辅导项目，这导致学生对学校在心理引导、勤工俭学项目及思想教育方面的满意度偏低。多数院校依旧采取的是面向全体学生的开学心理健康测试，仅针对测试中发现异常的学生进行进一步的辅导或心理疏导。尚缺少专门针对家庭经济困难学生的心理评估、心理支持和辅导方案。考虑到这些学生因家庭经济条件较差而内心需要更多的关爱和理解，若心理辅导措施缺乏针对性，不将他们的学习、生活情况与普通学生区别对待，不提供足够的人文关怀，则可能加重他们在学习期间的心理负担。

（三）进一步关注学生身体健康需

在我国以考试为主导的教育体系中，学生及其家长对学习的重视通常超过了对身体健康的关注。尤其是在经济较为落后地区的学校，为了确保学生有更多时间专注于理论学习，已经在中学阶段减少甚至取消了体育课程，导致学生缺乏足够的运动时间，身体素质普遍不高。对家庭经济困难的学生来说，他们已经因经济条件与同学存在差异，若其身体素质亦不佳，则会进一步凸显他们的不利状况，加剧心理负担。此外，缺乏良好的身体健康也难以确保学生能够全身心投入学习和生活中，这不仅会降低他们的学习和生活质量，还可能减少他们参与集体活动的机会，从而诱发心理健康问题。

（四）忽略了学生的个性化成长需求

在当前的高等职业技术教育体系中，资助政策往往更注重立即的经济援助而非长期的自我发展能力培养。虽然经济支持能够缓解学生短期内的财务困境，但这种方式可能导致部分学生形成一种被动接受的心态，期待"等待、依靠、索取"的援助。特别是一些家庭经济困难的学生，在享受到资助的好处后，可能变得过分依赖来自国家和学校的援助，从而失去了自我提升的动力，甚至可能走上错误的道路。有的学生为了获取更多资助而专注于学习，忽视了与同学的沟通交流和个人兴趣爱好的培养，这种做法可能限制了他们个性化发展的空间。如果学院未能及时识别并有效地解决这些问题，可能会导致对学生个性化成长需求的忽视，进而影响学生的创新能力和个性化才能的展现。

二、构建支持性的高职院校综合资助体系

（一）为经济困难学生提供心理辅导机制

对经历了高考这一生命关键期并带着改善家庭境况希望进入大学的家庭经济困难学生来说，面临的家庭、学业、社交等多方面压力，可能会导致他们在精神上出现迷茫和心理上的困扰，甚至发展为心理障碍。因此，高职院

校在为这部分学生提供援助时，需要超越传统的财经援助视角，重视他们的心理健康状况，通过整合教育资源和实践机会，在团体辅导中注入心理咨询服务，实行预防性干预和个案咨询，构建一个专为经济困难学生设立的心理健康教育和辅导体系。利用互联网技术实现线上线下结合的心理支持体系，既包含团体心理辅导也包括个别心理咨询，旨在提升这些学生的心理韧性，促进其健康成长。

（二）基于经济援助之上，实施促进学生身心健康的活动

调研发现，家庭经济困难学生渴望通过在其他领域的出色表现来弥补家庭经济的不足，并获得社会的认可。因此，这些学生在沟通、人际互动和自我实现等方面表现出强烈的需求。但由于受到自卑心理的影响，许多经济困难学生往往抑制了自己的这种需求。因此，在提供经济支援的同时，还应开展一系列有助于学生身心释放的活动，以塑造健康的心态。大学正值成年期初期，通过努力获得社会认可的需求十分强烈，因此可根据不同经济困难学生的需求，设计多样化的心理支援活动，包括但不限于以下几种：勤工俭学项目，让学生通过劳动获得经济收益，认识到劳动的价值；社会实践，拓宽学生视野，建立正确的价值观；爱心志愿活动，通过助人为乐的行为培养自我认同感和社会责任感；团队建设和社团活动，提供交流平台，促进学生个性发展和人际沟通能力；通过各种节日和校园特色活动，强化学生的集体归属感和争先意识。在这些活动中，应把家庭经济困难学生视为平等的参与者，关注并发掘他们的潜能，以期待的眼光看待他们，引导他们积极面对现实挑战，培养自立自强的品质。

（三）创建包容和支持的校园氛围

一个充满和谐与友爱的校园环境对学生世界观、人生观和道德观的塑造，以及他们心理健康的维持都起到积极作用。在营造校园氛围的过程中，学院

不仅需要重视文化氛围的建设，还要关注生态环境的优化。学校层面应通过组织各类校园文化活动，鼓励经济困难学生主动参与，以此培养这些学生的社交技能，帮助他们自信独立地融入校园生活。同时，学校应强化对这些学生的中国传统美德教育，教导学生学习和发扬中华民族的勤俭节约和艰苦奋斗精神，帮助经济困难学生建立健康的消费观，引导他们将关注点从物质比较转移到自我提升、技能掌握和社会贡献上。学院应利用学生党团组织、班级和宿舍等平台，开展各类公益活动和寝室文化建设等，创造一个互帮互助、整洁和谐的学习和生活环境，以友善之情温暖经济困难学生，减轻他们的心理孤立感、压力和自卑感。通过这些努力，可以为经济困难学生提供一个促进心理健康发展的校园环境，助力他们健康、愉悦地成长成才。

（四）强调学生体质的全面发展，促进体育锻炼

大学阶段，随着学习压力的相对减轻和课余时间的增加，学生有了更多机会参与体育活动。然而，随着互联网的普及，许多学生的空闲时间大部分在网吧和寝室中度过，习惯了外卖和宅生活，导致体质逐渐下降。面对这种趋势，学校需加大对学生体质健康的重视，通过改善校园体育设施、开设促进体育锻炼的选修课程、举办各类运动活动等措施，激励学生积极参与体育锻炼，提升体质和健康水平。

（五）利用美育活动促进经济困难学生心理成长

传统的资助工作重点在于物质帮助。然而，随着国家资助政策的演变，资助工作已经从单一的物质帮扶逐步转向综合性的育人方向。在继承传统资助工作优势的同时，高职院校应探索新的创新点。例如，通过美育活动的融入，广泛宣传受助学生的榜样事迹，树立典型，让学生感受到来自党和政府、学校和社会的深情关怀。同时，引导学生学习在有能力的情况下回馈社会，将爱心和美好传递下去。

第三节 以技能辅助为手段

一、我国高职院校技能水平现状

根据我国高职院校的发展现状以及人才培养方案，结合对学生的问卷调查结果，当问及学生"您认为本校的家庭经济困难学生资助工作对于优秀人才的培养情况表现为"时，有46.06%的同学认为本校的家庭经济困难学生资助工作为国家培养大量建设人才，对国家建设、社会进步做出巨大贡献，38.8%的同学认为本校的家庭经济困难学生资助工作为国家培养较多建设人才，对国家建设、社会进步做出较大贡献；其余同学认为本校的家庭经济困难学生资助工作对社会的贡献一般，或者缺乏贡献，或者毫无贡献可言。经过调查走访了解到，我国高职院校目前在学生技能水平和学习成绩方面的问题主要有以下几种。

（一）针对学生的学习技能大众化，针对性不强

学习问题是所有高校、大学生及家长普遍关心的问题，要培养国家需要的技能型人才，不仅要让学生从学习上下功夫，还要力争提高学生的动手能力和技能水平，以此提高学生的综合素质。对高职院校的家庭经济困难学生来说，他们从内心深处希望通过自己努力学习获得学校的各种奖助学金，他们从内心深处希望通过自己技能水平的提高毕业后找一个好工作，以改善自己家庭的经济现状，因此，对家庭经济困难学生来说，他们对于学习和技能提高的需求，往往比普通学生更强烈。

但是，部分家庭经济困难学生由于来自贫困山区，薄弱的基础使得他们与普通同学没有处于同一起跑线；部分同学由于过多担心经济问题，而不能心无旁骛地学习；有的同学比较自卑，害怕由于经济问题受到老师和同学的

歧视，在学习上遇到不明白的，也不敢去问老师和同学，使得其学习成绩难以提高。如果对家庭经济困难学生的学习和技能指导与普通同学无异，目的仅仅是让学生顺利毕业，就容易打击家庭经济困难学生的积极性，甚至会激化家庭经济困难学生对社会和学校的不满思想和怨恨情绪，造成严重后果。

对高职院校家庭经济困难学生的学习和技能帮扶，可以针对学生在学习态度、学习目的、学习动力、学习难点等方面的差异进行细分，并开展针对性的帮扶活动。在帮扶过程中，可以根据学生的学习现状和家庭经济困难程度，对学生划分不同的类别，分类开展针对性的帮扶。在帮扶过程中，要随时关注帮扶措施的落实效果，如学生的技能水平是否得到了提高、学习成绩是否有了进步、对知识的把握是否有自己的见解、学生的动手能力是否取得了进步等。

（二）扶贫与扶智没有有机结合

"不让一名学生因家庭经济困难而辍学"这一理念指导着我国高校的资助工作，并取得了显著的效果。但是，这一理念太过关注经济资助的成果，弱化了"扶贫要扶志"，使资助工作虽然在一定程度上解决了学生的经济困难，但也忽略了对学生自身技能水平、学习能力、知识素养和动手能力及综合素质的提高。首先，这种帮扶方式虽然可以帮助学生摆脱一时之困，但是缺乏发展的眼光，难以从长远上提高学生的技能水平，也未从解决学生就业的角度来解决学生家庭经济困难的问题。其次，这一理念从帮扶范围来说，局限于对高职院校家庭经济困难学生的经济帮扶，注重对家庭经济困难群体的个体帮扶，而忽略了对其他大学生的综合素质帮扶。最后，这一理念虽然在一定程度上解决了学生的经济和生活问题，但是缺乏对学生技能的关注，难以形成可持续发展能力，也难以助推学生进一步成长成才。

（三）实习实训设备落后，缺乏时代性

高职院校的教育目的是培养国家需要的技术技能型人才，目前，高职院

校为提升学生技能水平，会开设专门提高学生动手能力的实习实训课程。对理工科专业而言，会让学生体验上班时的场所与环境，让学生提前适应工作后的生活。很显然，学校的出发点是好的，是希望让学生提前熟悉上班之后的工作氛围和工作种类，做好提前适应。但是，目前的现实问题是，学校为学生提供了实习实训的场所，比如物流实训中心、机电实训中心、汽车实训中心等，但是很多实训中心的实训器材和设备均比较陈旧，跟不上时代的节奏，有的学校为了节约成本，会直接购买企业更新换代被淘汰的设备，这不利于学生学习最新的技能知识。众所周知，目前信息时代，知识和设备的更新换代速度非常快，如果经常使用陈旧的设备，就算学生对设备使用达到轻车熟路的水平，但是进了企业之后，面对更新换代的新产品，学生在学校学习的技能水平还是不能派上用场，又要从头学起，这无疑浪费了人力资源。

二、建立以技能辅助为手段的高职院校发展型资助体系

（一）加强对家庭经济困难学生的学业帮扶

从家庭经济困难学生的群体特点了解到，这部分同学虽然求知欲望很强烈，但是家庭经济因素导致的性格原因，导致学生不能全身心投入学习中，容易加重学生学习负担。而家庭经济困难学生一旦成为学业困难学生，对其进行学习帮扶的难度要比普通学生大得多。因为家庭经济困难学生表现出来的心理问题更多、心理资本更弱，而一旦学习问题与心理问题挂钩，就会加剧学生的学习和心理困难程度。因此，在对高职院校家庭经济困难学生进行经济资助时，还要留意学生的学习技能水平，随时关注学生的技能水平和学业发展情况，对于家庭经济困难且学业困难的学生，要给予有针对性的重点学业帮扶。对于"不让一名学生因家庭经济困难而失学"这一承诺，仅仅依靠经济资助是远远不够的，还需要及时关注学生的学业情况，对于学习困难的家庭经济困难学生要及时提供发展型资助，帮助这些学生及时克服学业发

展和技能水平上的困难，以期把学生培养成国家需要的技术技能型人才。

（二）建立家庭经济困难学生的学业指导体系

当前高职院校的在校学生大多是出生于 2000 年前后的独生子女，经过高考"厮杀"考入大学，很多学生在高中阶段由于压力过大，很早就盼望着进入大学可以轻松一下，因此从踏入大学的门槛之日起，就开始松懈。因此，在对高职院校学生的发展型资助体系中，要着重培养学生的动手能力，可以通过结合学生的勤工助学等活动，培养学生的劳动意识和提升技能水平，通过建立专门针对家庭经济困难学生的学业指导体系，开展针对性的帮扶。

第一，以工代赈，精准资助。高职院校可对目前学校提供的勤工助学岗位进行有机整合、分配，根据学生不同的性别、年级、性格和专业特点等为学生分配合适的勤工助学岗位，在实际工作中提升学生的技能水平。

第二，以"创"代"补"，优质资助。高职院校可以通过组建创新创业团队、开展公益创业或实体创业等方式创新对学生的勤工助学模式和技能帮扶模式，让学生在校期间参与学校的创新创业项目，培养学生创新创业能力，让参与勤工助学的高职家庭经济困难学生从昨天的"打工仔"转变为今天的"经理人"，甚至明天的"投资人"，通过高层次劳动提升学生的综合素质。

第三，以"订"代"赠"，人文资助。高职院校应开设专门针对家庭经济困难学生的技能提升课程，了解学生在各种技能水平上的长处与短板，以问题为导向，有针对性地设计与实施，形成"以学生为中心"的人才培养格局，发挥学生在劳动技能和劳动实践中的主观能动性，提升资助育人实效。

（三）提升学生学习素养

随着时代的进步和我国经济的快速发展，社会对高职院校人才的需求已经不仅仅局限于学生的技能水平，目前"通才"比"专才"更加受企业和社会的青睐。因此，还需要学生能够掌握和运用不同领域的知识，养成良好的学习和知识素养。对于"通才"的培养，学校可以通过以下途径来实现：首先，通过开设通识课程与相关讲座相结合的方式，满足社会对"通才"的需求，通过课堂内和课堂外的有机结合，以及一些实践拓展学生的知识面，加深学生对自己所学知识的理解，提升学生的学识和学习素养。其次，开设专门针对高职院校的家庭经济困难学生的技能型培训或者资格性培训，比如创业培训、人力资源管理师培训等，让学生通过培训掌握相关技能，获取相关职业资格证书。最后，通过相关讲座以及社会实践活动提高学生的综合能力。讲座和活动主要针对学生的职业技能、科研创新能力、社会实践能力、社会交往能力等方面进行培训和提高。

（四）提高以奖励为目的资助比例

高职学生的学业成绩可以体现其人力资本积累与发展，反映其掌握学科知识的程度和基本专业能力。虽然对高职贫困学生进行经济资助可以满足学生在经济方面的需求，减少学生在经济方面的后顾之忧，但是长期接受国家、社会和学校的资助，容易使学生产生懒惰心理和依赖心理。在这种情况下，可以适当增加奖励性质的助学资金，提高学生的学习动力。实践证明，在国家奖学金、国家励志奖学金和国家助学金等类型中，以奖励为目的的国家奖学金和国家励志奖学金两项，对高职家庭经济困难学生的学习成绩提高有着显著的正影响作用。也就是说，获得国家奖学金、国家励志奖学金能够反过来促进学生的学习积极性，提高学生的学习成绩和技能水平。这说明，学生获得相关经济资助与学生获得好成绩之间有着显著的正相关关系，此外，获得更高的资助等级或者资助金额可以显著地提高学生取得良好技能水平和学业成绩的概率，而且，学生资助与学生的学习成绩的正相关关系还具有良好的稳定性。

第四节　以就业帮助为依托

一、我国高等职业技术教育的技能培养现状

基于当前我国高职教育的发展情况及人才培养战略，结合对学生进行的问卷调查，当询问学生对本院家庭经济困难学生资助工作在培养杰出人才方面的表现时，46.06%的学生认为本校的资助工作对于培养为国家和社会发展做出重大贡献的人才起到了积极作用，38.8%的学生认为资助工作在培养为国家建设和社会进步贡献力量的人才方面做出了较大贡献，其余的学生则认为资助工作对社会的贡献普通、有限或无。从调研结果来看，我国高职院校在提升学生技能水平和学习成果方面面临的主要挑战包括以下几种：

（一）学生学习技能的普遍化与缺乏个性化指导

学习挑战是高等教育领域普遍关注的问题。为了培养满足国家需求的技能型人才，不仅要加强学生的理论学习，还需重视提高学生的实践能力和技能水平，以提升其综合素养。对于家庭经济困难的高职学生，他们更渴望通过努力学习获得奖学金支持，并通过技能提升找到好工作，改善家庭经济状况。因此，这部分学生对学习和技能提升的需求通常比普通学生更为迫切。

然而，一些来自贫困地区的家庭经济困难学生因基础薄弱而无法与其他同学公平竞争，一些学生由于经济压力无法专心学习，还有的学生因自卑心理不敢主动向老师和同学求助，影响了学习成绩的提升。若高职院校未能为家庭经济困难学生提供个性化的学习和技能指导，仅仅追求让学生顺利毕业，可能会削弱这些学生的学习积极性，激发他们对社会和教育体制的不满和怨气。

针对家庭经济困难学生的学习和技能辅导应细化到学习态度、学习目标、

学习动力、学习难点的差异，实施有针对性的辅导计划。在辅导过程中，根据学生的实际学习情况和经济背景，实行分层次、分类别的指导策略，密切监测辅导效果，确保学生的技能水平和学习成果得到实质性提升，从而真正实现通过教育帮助学生克服困难，促进其全面发展。

（二）学生的职业抱负与实际能力的不匹配

在我国高等职业教育体系中，当前的学生群体主要由"00后"组成，很多来自独生子女家庭，他们普遍习惯于依赖家庭的支持，并对直面社会的挑战缺乏准备。大部分家庭对于孩子的职业指导有限，甚至一些家长仍旧持有过时的观念，认为毕业即可由学校安排工作，这种观念在一定程度上阻碍了学生的就业准备。同时，用人单位普遍反映，许多学生对自己的职业规划期望过高，而实际上却缺乏足够的面试技巧和职业技能，导致"理想与现实的巨大差距"。一些综合素质较高的学生则因期望值过高，不愿意到较为偏远的地区工作，寻求在大城市的中心区域就业。还有些学生挑剔职位，认为低工资难以支撑他们的生活开销，从而在追求职业目标与自身实际能力之间形成了矛盾。针对高职院校经济困难学生的调查显示，高达80.76%的学生表示当前最大的困扰是就业问题，表明学生对于自己未来发展的渴望和需求十分迫切。

（三）学术环境的舒适与就业市场的竞争压力

在对重庆某高职院校毕业生进行的就业意向调查中，从1543名毕业生中得知，有712人打算寻找工作，632人考虑继续深造，43人打算创业，8人计划出国留学，而148人对未来感到迷茫，不确定自己的去向。这显示出高职院校毕业生面临的选择非常广泛，准备就业的学生不到一半，超过一半的学生暂时没有就业打算。个别学生的访谈反映出，一些学生享受着相对轻松的学习环境和父母提供的生活费用，习惯了国家和学校的资助，不愿离开学校的安全环境，面对社会的激烈竞争。同时，还有学生因为害怕就业失败，将继续学习或创业视为逃避就业压力的借口，避免直面社会挑战。

二、构建以就业支持为核心的高职院校发展型资助策略

（一）发展全面的就业支援系统，加大对经济困难学生的技能培养，实施精确的扶贫措施

通过建立一个全面的就业支持系统，为高职院校中的经济困难学生提供有效的职业指导和支持，是构建发展型资助体系的关键。学校应为这些学生制定一系列针对性的职业辅导计划，通过与企业的合作伙伴关系，提供实习和实训机会，增强学生的实际操作能力和就业技能，同时，培养学生良好的职业态度，提升其就业市场竞争力。职业教育旨在培育满足社会需求的技术人才，属于持续扶贫的有效方式。根据家庭经济困难学生的具体情况，提供定制化的技能培训，以培育创新实践人才。就业支援计划需考虑学生的个性化需求，制订符合其特点的培训方案，从而增强他们的就业能力。此外，高职院校还应积极宣传国家对于创业的支持政策，激励学生回乡创业，利用当地资源，带动更多人摆脱贫困，促进地区的经济发展，同时，以实际行动和所学知识回馈社会，营造正面的文化氛围。

（二）强化对经济困难学生的职业援助，提升其市场竞争力

在当前就业市场中，个人技能和能力成为企业重点考量的因素。针对经济困难学生，学校需从提升学生的整体素质和能力着手，全方位地为其提供学习到就业的持续支持，涵盖心理、生活等多个方面。对于基础薄弱的学生，开展专项技能培训和讲座，使其掌握现代技术技能；针对经济压力导致的心理问题和就业恐惧，通过组织社团和团队活动，提升学生的社交技巧、协调

能力和团队精神；解决实习经验不足的问题，积极推进社会实践和职业实习项目，让学生深入了解社会需求；对成绩不佳影响就业信心的学生，引导其加强专业学习，通过勤工俭学等活动，将理论知识应用于实践，确保学以致用，为未来融入社会奠定坚实基础。

（三）为家庭经济困难学生定制职业规划指导

在提供全员职业规划服务的同时，高职院校需特别关注家庭经济困难学生的个性化职业发展需求。在常规职业教育基础上，增添针对这一群体的特定模块，进行符合他们背景的职业道路设计，以助力他们明确职业目标，推动个人职业成长和自我价值实现。首先，提高就业市场和政策认知，建立正确的就业理念。针对家庭经济困难学生面临的就业畏惧和不实际的职业期望问题，应及时进行心态调整指导，帮助他们实事求是地评估就业形势，树立合理的职业定位。其次，实施个性化咨询和辅导，以达到"知己知彼"。对于面临具体职业规划难题的家庭经济困难学生，普遍性的职业指导往往难以奏效，学校可以通过设立职业咨询服务点，提供一对一咨询，根据学生个体情况给予具体建议和解决方案。再次，广泛宣传国家针对高职家庭经济困难学生的就业扶持政策，帮助学生充分利用资源，增加就业信心。通过举办企业进校园、实习实训机会、专场招聘会等活动，增加学生与雇主的直接接触，了解就业市场需求，优化职业选择策略。同时，鼓励学生利用假期到企业实习，加强与企业的联系，为毕业后顺利就业铺平道路。最后，建立面向家庭经济困难学生的就业支持网络，通过微信群、QQ群等社交平台，定时推送就业信息，分享就业经验，开展针对性的就业指导活动，优先推荐适合的职位，确保这一群体获得更多就业机会。

（四）推动创业和勤工助学项目，增强就业与创业能力

在高职院校内部建立以教师指导为基础、学生为主体参与的创业型勤工

助学基地，既能给学生提供劳动收入的机会，也是提高就业与创业能力的有效途径。在建设这样的基地时，应遵循以下原则：坚持资助与育人相结合，将勤工助学岗位与学生的专业实践、创业训练和就业教育等紧密联系，达成资助育人的目标。强调学生主体性，充分利用学生的创新能力和实践精神，磨炼意志，培育优秀品质。运用企业管理模式，遵循市场规则，实现自我维持和发展，让学生在真实的企业环境中学习和成长。与此同时，积极与外部创业孵化器合作，为有志于创业的学生提供更广阔的平台。针对特别有创业意愿的学生，争取政府及社会资源，提供资金援助、技术培训、专家指导等，打造全方位的创业支持环境，确保学生创业项目的成功率和可持续发展。

第五章 高校资助育人体系的绩效评价

第一节 经济资助的绩效评价

一、评估经济援助效果的关键指标

要判断对学生进行的经济援助是否达到预期效果，关键在于评估经济资助的公平性、有效性及充分性。首先，经济资助公平性的评价指标涉及家庭经济状况的准确评估、资助资金的公正分配以及学生资格的恰当认定。其次，评估经济资助的有效性，需考量经济支持是否实质性地改善了学生的财务状况，资助活动是否遵循规范流程，以及资助成果是否获得了经济困难学生的广泛认同。最后，经济资助充分性的指标着重于资助措施是否全面覆盖需求学生、资助金额是否足以缓解学生的经济困境以及资助流程是否严格遵循国家规定，确保无不当行为发生。

二、经济资助的公正性评估

（一）贫困鉴定的公正性

贫困鉴定的公正性评估主要涉及学校在资助政策宣布的公正性、资助认定整个流程的公正性以及资助认定结果的公正性。

（1）资助政策宣布的公正性。重点评估学校和辅导员是否能够及时性和有效地向所有学生（特别是家庭经济困难学生）普及国家及学校的资助政策，以及目标受益群体对资助政策的理解和知悉程度。

此项评估基于学校资助管理中心的资助工作人员和辅导员的记录、班级会议照片以及学生问卷调查和访谈结果。

（2）资助认定流程的公正性。评估标准包括学校在进行经济困难学生鉴定、奖学金评定、资助金发放等过程是否遵循国家资助政策规定。

评估依据包括资助管理工作人员和辅导员的记录、班级会议照片以及学生问卷和访谈结果。

（3）资助认定结果的公正性。主要评估学校对经济困难学生贫困等级的判定、资助结果的公开展示是否公正，以及是否有学生对资助结果提出投诉。

评估依据来自资助管理中心的记录、公示结果以及学生问卷和访谈反馈。

（二）资金分配的公正性评估

资金分配的公正性主要关注资助资金是否能够为高职院校中的家庭经济困难学生提供实时和有效的支持，确保"每分钱都花在刀刃上"。

（1）对家庭经济困难学生的资助覆盖。此项评估聚焦于学校是否确保每位符合条件的家庭经济困难学生都能接受到国家、社会及学校提供的各类资助。

依据包括高职院校学生管理信息系统内的综合数据，以及家庭经济状况审核、学生资助记录等。

（2）确保资助资金专用。此项关注资助资金是否专门用于支持家庭经济困难学生，未被不符合资助条件的学生误领。

（三）资助对象身份确认的公正性

确认资助对象身份的公正性，着重于学校能否精确鉴别家庭经济困难学生并将他们分配至恰当的贫困等级。

（1）准确识别并支持建档立卡贫困户。此指标评估学校是否能全面识别并有效援助所有建档立卡贫困户学生。

数据来源包括全国扶贫信息网络系统。

（2）对其他特殊困难学生的精准识别与支援。此项关注除建档立卡外，学校是否能准确识别并有效援助低保家庭学生、残疾人家庭学生等特殊困难群体。

依据来自全国扶贫信息网络和学校学生信息系统。

（3）为每位家庭经济困难学生建立详尽档案。学校需为每位获资助的家庭经济困难学生建立个人档案，详细记录贫困鉴定条件、结果、资助记录及成效，以体现身份认定的精确性。

数据来源于高职院校学生管理信息系统。

三、经济资助的成效测量

（一）学生经济状况的改进测量

对学生经济状况的改进测量考查的是学生日常生活的质量、基本的生活需求是否得到满足，以及学生是否有充足的时间投入到学业和实践中。

（1）日常生活质量保障的评估。此项关注学校提供的经济资助是否足以覆盖学生的基本生活费用，包括学杂费、生活费以及其他必要的支出。

此项评估依据包括学生问卷调查与个别访谈。

（2）学习与实践活动时间的保障。此项测量的是学生除了参加勤工助学以外，是否有足够的时间用于学习及参与学校组织的实践活动。

通过学生的成绩记录和参与社会实践的记录来评估。

（二）资助政策的执行监测

（1）资助政策宣传的到位情况。此项考查学校是否充分、公正地向所有学生（特别是家庭经济困难学生）宣传国家和学校的资助政策。

通过学生问卷和访谈结果来确定。

（2）资助政策的准确执行。评估学校是否严格按照规定执行资助政策，包括资助过程的合规性、处理资助相关争议的程序，以及资助体系的完整性和合法性。

基于学生访谈、问卷调查结果和学校的资助记录进行评估。

（三）学生与社会的反馈评价

（1）学生对资助措施及其成效的认同度。学生的满意程度是衡量高等职业技术学院资助活动成效的关键指标之一。学生的满意度主要体现在以下几个方面：是否感受到生活条件的实际改善、精神状态是否有所提升、学习能力是否得到加强、心理和身体健康状况是否良好以及毕业后能否顺利就业等。

这一指标的数据来源主要是基于对学生的满意度进行的深入访谈和详细问卷调查。

（2）社会对资助措施及成效的评价。社会对于学校资助活动的评价主要基于几个关键方面：学院在资助经费的投入程度、政策实施的完善程度、工作人员的积极性等方面的表现；是否有效降低了家庭经济困难学生的辍学率，确保这部分学生不因经济压力而放弃学业；学校在培养合格人才方面的表现：通过资助项目是否能够使经济困难的学生全力以赴地学习，提升个人的全面素质，并最终成为合格的大学毕业生。

这一指标的数据主要来源于对社会公众进行的资助效果满意度的深度访谈与调查问卷。

四、资助计划的全面性与持续性评估

（一）资助政策的普及程度

（1）资助政策普及与宣传效果。为确保资助政策的有效实施，必须广泛宣传资助政策，使全体学生特别是家庭经济条件较差的学生全面了解资助政策的内容和范围。

此项数据基于对学生资助满意度进行的系列访谈和问卷调查结果获得。

（2）资助计划的持久效应。高等职业技术学院的学生资助旨在结合公共福利和慈善性质，建立由政府资金驱动并鼓励其他资金来源共同参与的持续性资助体系。资助的持续效应不仅体现在解决学生眼前的困难上，更在于激发长期的学习动力和促进人力资本的增值。

该指标基于对学生资助长效机制的访谈和数据分析获得。

（二）资助资金分配的充足程度

（1）资助资金是否专项用于经济困难学生。全国资助管理中心的指导文件和资助实践报告指出，国家资助资金应当专门用于支持家庭经济困难学生的学业和生活，不得挪作他用。

通过访谈受资助学生和利用大数据技术追踪资金流向来收集此项数据。

（2）资助资金是否完全用于资助项目。在高职院校进行的多项学生事务工作中，诸如学生事务管理、学生学术事务和学生团体活动等，均涉及财务支出。然而，资助资金应严格用于支持家庭经济困难学生的资助活动中，不得用于其他非资助目的的支出。

通过对受资助学生的访谈及资金流向的数据追踪来核实此项信息。

（三）政策实施的全面性评估

（1）学院在国家级奖学金、助学金、学贷、勤工俭学、补助、免学费等综合资助体系上的执行力度（占1分）。对高等职业技术学院而言，是否能够完备实施包括国家奖学金、助学金、学生贷款、勤工俭学计划、学校级奖助学金、特殊困难补助、餐费补贴、学费减免等在内的综合资助政策体系，并为经济条件不佳的新生开设"绿色通道"，是衡量学院履行国家资助政策的有效性的关键指标。只有彻底执行国家的资助策略，资助效能才能得到最大化。

此项评分依据学院资助管理部门提供的详细数据和活动记录而定。

（2）学院自设资助政策与项目的完备性。现阶段，许多高等职业院校针对本校实际情况，定制了一套自己的学生资助政策体系。例如，有高职院校通过校友捐赠设立"激励人心奖学金"，专门奖励学业成绩优异且家庭经济条件较差的学生，每年资助20位，每人5000元。还有高职院校针对学生在寒暑假期间的额外经济负担，提供节假日慰问金、寒暑假交通费补助等资助项目，旨在为学生提供更多方面的支持与鼓励。

该评分标准根据学院资助管理部门提供的具体数据和活动记录来确定。

第二节　身心扶助的绩效评价

一、综合身心支持评估框架

针对高等职业院校学生的综合身心支持情况，评估主要围绕学生的身体健康和心理健康两大核心领域展开。学生身体健康的评价侧重于考查学生的体能水平和健康生活习惯是否良好。心理健康方面的评价则依托于新生入学初期的心理筛查、每个学期进行的心理评估以及学生在校期间的日常心理状况观察。

二、学生体质健康评估

（一）学生体型与功能状况

（1）身高体重匹配度。目前，两个广泛使用的身高体重匹配公式如下：一种是［身高（cm）－100］×0.9＝标准体重（kg）；另一种针对男性为［身高（cm）－105］＝标准体重（kg），对女性则是［身高（cm）－100］＝标准体重（kg）。高等职业学院中的学生，他们的身高体重比例可参考这两种计算方法来评估。

通过体检或直接测量学生身高体重以收集此数据。

（2）学期体质测试成绩。依据《国家学生体质健康标准》，高职院校学生每学期都需接受体质测试，包括身高、体重、肺活量、台阶试验、50 米短跑或立定跳远（选其一）、握力或仰卧起坐（女性）或坐位体前屈（选其一）等六项内容。

通过智慧校园系统获取学生的体质测试成绩。

（3）日常就医记录。在校期间，大部分高职院校学生因身处生长发育的黄金时期，一般健康状况良好，就医频次较低。

通过学生医疗保险信息查看就医记录。

（4）学生参与体育锻炼的记录。在快节奏的生活和增加的社会压力下，运动锻炼的重要性日益凸显。运动不仅能增强体质，还能提升智力和情绪。当前，通过校园打卡系统、移动健康应用（APP）或智能运动设备等多种手段可跟踪和记录学生的运动情况。

通过学校的运动打卡系统或学生提供的运动记录来获取数据。

三、评估学生健康生活习惯

（1）学生日常作息的规律性。许多高等教育学生视大学生活为从严格的中学生活解放出来的阶段，误以为这是休息和自由放纵的时光。其中，一些学生习惯于熬夜上网，白天则睡到自然醒，这类不规律的生活习惯对学习和身心健康均有负面影响。作为未来国家的支柱，学生应培养健康的生活和学习习惯。这里提供一个理想的大学生作息时间表供参考：早晨6：30醒来，拉开窗帘，让身体逐渐适应白天的节奏；早餐要充分，为上午的学习工作提供足够能量；中午12：00，是补充能量的重要时刻，避开饭点高峰，选择健康饮食；下午1：00，适当活动或小憩，帮助提升下午的学习效率；晚餐后，参加适度运动，有助于消化和保持身材；20：00—22：00，自主学习或阅读专业书籍，促进个人成长；夜里23：00，准备进入睡眠，为次日精力充沛做准备。

通过学生提交的个人作息表评估。

（2）学生生活中无不良嗜好行为。进入大学后，一些学生可能认为已经成年，可以模仿成人的行为模式，如饮酒、吸烟或参与赌博。特别是在职业技术院校中，一些学生因中学成绩不理想而选择此类院校，可能从中学时期就开始有了这些不良习惯。

通过对学生寝室检查或购物记录的评估。

（3）学生健康饮食习惯。良好与否的饮食习惯直接影响学生的健康和营养摄入。由于外卖业务的兴起和网络平台的便利，许多学生成为"宅男宅女"，依赖外卖食品，这些通常缺乏营养保障。同时，西式快餐的流行也破坏了学生的健康饮食规律。

通过学生购物消费记录进行评估。

（4）学生个人及环境卫生。学生的个人卫生状况和寝室卫生情况，不仅反映其外在形象，更是其精神状态的体现。学生应保持良好的个人卫生和寝室卫生，营造一个清洁、健康的学习和生活环境。

通过对学生寝室卫生情况的检查获取数据。

四、学生心理健康状况的评估

（一）新生心理评估结果

（1）学生认知能力水平评估。认知能力反映了学生对信息处理、存储及提取的综合能力，涉及理解事物属性、功能、相互关系、发展趋势和基本法则等方面的能力。它包括感知、记忆、注意力、思维和想象等方面。由于社会环境和个体差异，部分高职院校学生可能在社会性成长方面相对落后，这可能对其认知能力造成影响。

通过入学时心理评估获取学生数据。

（2）学生的大学适应性评估。适应性是指学生进入大学后对新环境、新生活、新学习方式的适应能力，包括对校园文化、同伴关系以及日常生活的快速调整。

通过入学心理评估结果评定。

（3）学生人际交往能力评估。人际交往能力是指学生能否有效地与他人沟通、互动，建立积极的社交关系。大学生活需要学生建立良好的人际关系网络，以促进个人社会化进程。

通过入学心理评估获得的数据评估。

（4）学生情绪调节能力评估。情绪调节能力指学生管理自我情绪，尤其是负面情绪的能力，能够有效预防和缓解心理压力，保持良好心态。

通过入学心理评估获取数据评定。

（5）学生精神状态评估。精神状态是指学生的整体心理活动状态，好的精神状态有助于学生积极面对学习和生活中的挑战。

通过入学心理测评结果获取数据。

（二）定期心理健康评估状况

（1）定期认知能力评估。学生在大学期间的认知能力可能会随着学习进度和环境变化而有所不同，故每个学期对学生进行一次认知能力的评估是必要的。

此信息通过定期进行的心理健康评估获得。

（2）学期适应力评估。随着学期的更迭，学生将面临不断变化的学习和生活环境，这对其适应力构成了挑战。因此，每学期对学生适应力的评估变得尤为重要。

此信息通过每学期的心理健康评估结果获得。

（3）学期人际关系状况评估。学生在大学期间的人际关系能力是动态发展的，初始良好的人际关系能力并不保证整个大学期间都保持不变，因此需对学生的人际关系能力进行持续观察。

此信息通过每学期的心理健康评估获取。

（4）情绪调节能力的学期评估。虽然情绪调节能力相对稳定，但是因季节更替、个人经历或学习压力等因素的影响，学生的情绪调节能力仍需定期评估。

此信息通过每学期的心理健康评估结果获得。

（5）每学期精神状况评估。精神状态是学生心理状态的直接体现，每个学期对学生的精神状态进行评估能够帮助维护其心理健康。

此信息通过每学期心理健康评估获得。

（三）常规心理辅导对话情况

（1）学生心理稳定度检测。学生的社会发展涵盖了认知成长之外的广泛领域，如个人的自我意识、适应社会和人际互动的能力等。在面对多变的社会环境时，维持心理的稳定性对于高职院校学生尤其关键，需要定期通过心理咨询或辅导会话来评估学生的心理稳定度。

此信息可通过定期的心理辅导会话或评估获得。

（2）学生心理调适力。大学生特别是家庭经济困难学生在适应新环境和挑战方面可能会遭遇额外困难，表现为对社会价值和道德观的忽视或在社会行为上的适应力不足。为此，通过常规的心理辅导对话来监控学生的心理调适力至关重要。

此信息可通过心理咨询记录或评估获取。

第三节　技能辅助的绩效评价

一、技术支持的评估指标框架

在高职院校中，对学生的技术支持和帮助的评估主要围绕学生的学业表现和技能发展两个核心领域展开。学业表现的评价重点关注学生的学习动力、学习效果包括成绩表现、课堂参与度及学习技巧。而学生的技能发展则是评估的另一重要维度，这通常基于学生在专业技术能力方面的展示，如学生所获得的专业技能认证和资格证书。此外，学生的文化素养也是评估的一部分，体现在学生参与的文艺及体育活动和专业技能竞赛中所取得的成绩。

二、学生学业表现的综合评估

（一）学生学期成绩综合评价

（1）学生学期成绩排序情况。随着教育信息化的深入发展，学生的各项学业数据，包括成绩、平均学分绩点、班级和年级排名等，都可以通过高校教务管理系统的数据处理及时提供。学生的学期成绩排序，是衡量其在学术领域内竞争力和学习效率的关键指标。

该数据通过学校教务管理系统获得。

（2）学生的不及格课程累计数。大学生涯中，不及格课程的出现对学生的学业发展具有一定影响，尽管社会上有观点认为"大学不挂几门课，就不完整"，但从教育质量和个人责任感角度考虑，尽量减少不及格课程是每位学生的责任。

该数据通过学校教务管理系统获得。

（3）学生重修课程累计数。在大学学习过程中，必修课程的补考不通过将导致必须重修，重修课程的多少在一定程度上反映了学生对学业的重视程度和学习态度。

该数据通过学校教务管理系统获得。

（4）学生奖学金获得情况汇总。在经济上支持家庭经济困难学生的同时，国家和高校还通过设立各类奖学金来鼓励学生学业上的优秀表现，包括国家级奖学金、校级奖学金及其他各类奖励。

该数据通过学校教务管理系统获得。

（二）学生的学业参与度综合评估

（1）学生的课堂出勤状况。学生的课堂出勤状况是衡量其学习态度和责任感的重要指标，对家庭经济困难的学生而言，虽然可能会面临更多的外部挑战，但是保持良好的出勤率是实现学业进步的基础。

该数据通过学生的数字化学习平台或课堂签到记录获得。

（2）学生的图书馆借阅记录。大学生活提供了充足的自主学习时间，利用图书馆资源进行自我充电是衡量学生主动学习态度的重要方面。对家庭经济困难的学生来说，图书馆是获取知识资源的重要场所。

该数据通过图书馆借阅系统获取。

（3）学生的课堂参与活跃度。课堂上的积极参与不仅展现了学生的学习兴趣，还能促进学生对知识的深入理解。积极的课堂互动反映了学生对学科内容的积极探究和理解。

该数据通过教师的课堂记录或学生反馈系统获取。

（4）学生的课后答疑参与情况。课后主动寻求答疑是学生学习主动性和解决问题能力的体现。积极参与课后答疑能够帮助学生巩固学习内容，提高学习效率。

该数据通过任课教师的记录或学生学习支持服务部门获取。

（5）学生的图书馆频繁度访问。图书馆作为学术资源的重要仓库，学生频繁的访问可以视为其学习积极性和自主探究能力的体现。

该数据通过图书馆的门禁记录系统获得。

（三）学生的学术参与度综合评估

（1）学生出席学术讲座的频次。在大学生活中，组织一场学术讲座需要考虑许多因素，包括场地安排、时间规划及邀请专业讲师等。学生积极参与这类讲座，对其学业成就及学术视野的拓宽均具有积极影响。

该信息通过记录学生参与学术讲座的次数获得。

（2）学生参与学术会议的体验。对高等职业院校的学生而言，有机会参与学术会议是一次珍贵的学习经历，因为许多会议要求参与者提交论文，对高职学生完成一篇达到会议标准的论文具有一定挑战。

该信息可以通过收集学生参加学术会议的证据，如参会照片或会议论文集获得。

（3）学生加入学术论坛的经历。学术论坛与会议相似，通常要求学生提交研究稿件，并在论坛上进行积极的讨论和发言，这是一个提升学生学术交流能力的良好平台。

该信息通过验证学生参加学术论坛的活动证明，如活动照片或发表的论文集得到。

三、学生的技术能力与成就综述

（一）职业能力证明

（1）专业技能资格认证的获得。现行高等职业教育体系中，采取"学历证书+一或多个职业技能证书"的模式（简称"1+X"模式），旨在贯彻"职教20条"政策精神，促进学生中心的教学模式改革，优化技术技能型人才的培养路径，提升学生的职业竞争力以及促进其职业生涯发展。

该信息从学生个人的学术及技能档案中获得。

（2）外语技能认证的取得。在全球化背景下，英语成为基础教育阶段的核心课程，学生掌握英语成为其沟通能力的关键。学生的英语水平通过各类英语能力考试进行认证，如大学英语四、六级考试及专业英语能力认证等，反映学生的语言学习和应用能力。

该信息从学生的教务系统数据中提取。

（3）学生参与的专业技能竞赛成绩。为激发学生专业学习兴趣及实践能力，教育部门及各相关行业协会定期举办针对学生的专业技能竞赛，如全国职业技能竞赛等。获奖等级能体现学生在专业领域的技能水平与实力。

该信息从学生综合信息管理系统中获取。

（4）专业外技能竞赛获奖情况。为全面提升学生的综合素质与能力，除专业技能竞赛外，还有旨在培养学生创新创业精神、综合职场能力的竞赛，如"互联网+"创新创业大赛、"挑战杯"科技作品竞赛等。

该信息通过学生个人技能及成就档案获得。

（二）学生文化素养和体育成就

（1）学生在文化艺术活动中的参与与获奖。文化艺术活动是展示学生多样才艺、培养艺术鉴赏能力和精神修养的重要平台。高等职业院校学生，尤其是经济条件较差的学生，通过积极参与文化艺术活动，可以在提升自信心的同时，丰富个人的大学经历。

该信息通过学生展示的活动参与证明和奖项证书获得。

（2）学生参与辩论比赛及其成果。辩论能锻炼学生的逻辑思维和言辞表达能力，特别是对经济条件不优越的学生，参加辩论比赛是提高自我表达能力和批判性思维的良好途径。

该信息通过学生提交的比赛参与和获奖证明收集。

（3）学生在公开演讲中的表现和荣誉。公开演讲是衡量学生口头表达和公众表现能力的重要指标。高职院校学生，尤其是经济困难学生，通过参与演讲活动，可以有效提升自己的逻辑思维、语言组织和公众演讲技巧。

该信息通过学生提供的演讲活动参与及获奖证明确认。

（4）学生的体育活动参与及获奖情况。体育活动是增强学生体质、促进心理健康的重要途径。高职院校学生，特别是经济状况困难的学生，通过参与体育活动，不仅能够锻炼身体，还能够培养团队协作和竞争意识。

该信息通过学生展示的体育活动参与证明和奖项获得情况确认。

第四节　就业帮助的绩效评价

一、高职院校经济困难学生就业支持效果评估体系

在高等职业技术院校中，对经济条件较为困难的学生进行就业辅导和支持，评估其效果的关键在于考察就业岗位匹配度和就业满足感两大维度。就业岗位匹配度关注的是学生获得的工作岗位是否符合其专业技能和个人职业发展需求，包括行业选择的适宜性以及具体职位与学生能力的对应程度。就业满足感评估则是从学生对自身就业状况的主观评价及雇主对高职院校毕业生表现的反馈来衡量，这包括学生对工作种类和工作单位的满意程度，以及

用人单位对毕业生的综合评价和接纳度。

二、高职院校学生就业路径选择评估

（一）学生就业形态多样性考核

随着社会就业结构的不断细化和多元化，高职毕业生的就业渠道也变得更加广泛。就业类型主要包括直接就业、自主创业、继续深造如专升本、海外留学、服兵役及其他非传统就业路径，如自由职业者、网络影响者等。评估标准基于学生毕业后能否找到适合自身发展的职业路径，而非仅限于传统就业概念。

数据来源：通过高校的就业跟踪系统或就业服务中心数据进行统计。

（二）学生单位就业质量评估

（1）就业自信心指标：探讨高职院校经济困难学生在职场中的自信心水平，由于部分学生可能因个人背景而在就业初期感到不自信，这一指标旨在评估学校就业指导对学生自信心的提升。

数据来源：基于企业反馈和学生就业后调研结果。

（2）职业成熟度指数：衡量学生对职业规划的明确度和职业选择的匹配程度，包括学生对职业前景的理解及个人能力与职业需求的对接。

数据来源：通过企业评价和毕业生职业发展跟踪调查获取。

（3）职业决策知识：评估学生在就业过程中对自身职业能力、行业知识、职业规划以及人际沟通技巧等方面的了解和掌握程度。

数据来源：根据用人单位反馈及学生职业发展规划能力评估。

（4）职业决策态度：关注学生在求职过程中展现的主动性、适应性、独立性、客观性及自信心。

数据来源：通过用人单位评价和职业生涯规划师的指导反馈获取。

三、就业满意度的综合评价

（一）学生就业服务满意度评价

（1）对学校就业服务的评价。高职院校提供的就业服务涵盖学生的整个教育周期，从早期的职业指导课程到毕业前的就业机会介绍，旨在为学生的职业发展指引方向。有效的就业服务不仅包括就业机会的提供，还包括就业指导课程、职业规划辅导以及各类职业发展团体活动的组织。

数据来源：基于学生对就业服务的满意度调查。

（2）对提供的就业机会的满意度。高职院校毕业生在大学后期接触到的双选会及专场招聘会，为他们提供了丰富的就业选择。学生对于这些就业机会的满意程度，反映了学校就业服务的实际效果与学生个人期望的契合度。

数据来源：通过就业满意度调查获得。

（3）对就业岗位匹配度的满意度。提供的就业岗位是否符合学生期待及专业培养目标，是评价就业服务质量的重要指标。学校提供的就业岗位与学生专业是否匹配，直接影响学生的就业质量和职业发展。

数据来源：基于学生就业满意度调查。

（4）对就业指导服务的满意度。在高职教育快速发展的背景下，学生对职业规划和就业指导服务的需求日益增长。学校是否提供专业、针对性的就业指导服务，直接关系到学生职业发展的质量。

数据来源：通过学生满意度调查获取。

（5）对学校就业辅助措施的满意度。高职院校在帮助就业困难学生，如经济困难、心理状态不佳或学习成绩较差的学生方面采取的措施，如一对一就业岗位推荐、就业资金支持或个性化职业规划指导等。

数据来源：基于学生就业满意度调查。

（二）用人单位及社会对毕业生满意度的评估

对高职院校家庭经济困难学生的就业效果评价，不仅仅局限于学生本身的就业状态和满意度，更涵盖了用人单位和社会对这些学生工作表现的综合评价。通过持续的跟踪调查和反馈，学校能够了解毕业生在工作岗位上的实际表现，及时调整教育教学内容，以培养更符合市场需求的人才。

（1）用人单位对毕业生职业行为和素质的认可。毕业生的职业行为和职业素质，包括其工作态度、责任感、团队协作精神及职业道德等，是衡量其在职场中表现的关键指标。优秀的职业素质有助于提高工作效率和团队协作能力。

数据来源：来自用人单位对毕业生工作表现的满意度调查。

（2）用人单位对毕业生专业知识掌握程度的满意度。毕业生的专业知识是其完成工作任务、解决专业问题的基础，对提升工作效率和促进职业发展至关重要。

数据来源：通过用人单位就业满意度调查获得。

（3）用人单位对毕业生技术技能水平的满意度。毕业生的技术技能水平直接关系到其在职场上的具体操作能力和问题解决能力，是衡量其工作能力的重要指标。

数据来源：基于用人单位的就业满意度调查。

（4）用人单位对毕业生的岗位适配性满意度。毕业生的岗位适配性，包括其能力与岗位需求的匹配程度、工作兴趣与岗位性质的契合度，以及其职业发展潜力与岗位提供的成长机会的相符程度。

数据来源：从用人单位就业满意度调查中获取。

（5）用人单位对毕业生的发展潜力和可塑性的评价。毕业生的发展潜力和可塑性，反映了其在未来职业生涯中持续成长、适应变化和担当更大责任的能力。

数据来源：通过用人单位进行的就业满意度调查获取。

第六章　完善我国高校资助育人体系建设的思考

第一节　完善相关工作理念与政策

在高等教育领域，奖助学金政策扮演着不可或缺的角色，它不仅是经济援助的一种形式，更是一种育人工具。自改革开放以来，随着我国高等教育的快速发展和高等教育大众化阶段的到来，高等教育资源的不均衡分配问题日益凸显，教育公平成为社会广泛关注的焦点。为了缓解这一问题，国家和各高校相继出台了多项奖助学金政策，以减轻学生家庭经济负担、促进教育公平、激励学生努力学习、全面提高学生素质。

一、完善资助育人工作理念

在高等教育领域，资助育人工作不仅仅是经济援助的提供，更关键的是要从全面育人的视角出发，实现学生综合素质的提升。为了实现这一目标，以下策略至关重要：

（一）理念更新：从单一的经济资助到全面的育人视角

在传统的高校资助体系中，经济援助往往被视为资助育人工作的核心和重点，这种模式虽然在一定程度上缓解了学生的经济压力，使其能够继续接受教育，但同时也暴露出一些局限性。这种单一的经济资助模式往往忽视了学生作为一个完整个体的全面发展需要，包括精神激励、能力培养、人格塑造等方面。随着社会的发展和教育理念的进步，人们开始意识到，高校资助育人工作需要一种更加全面和深入的理念来指导。

1. 理念的转变

为了应对这一挑战，高校开始积极探索并实施理念更新，即从单一的经济资助到全面的育人视角的转变。这种转变的核心在于，高校资助育人工作不再仅仅局限于解决学生的经济问题，更要着眼于学生的长远发展，关注学生的全面成长。在这个转变过程中，高校需要建立一个更为系统和多元化的支持体系，这不仅涵盖经济援助，也包括精神激励、能力培养、社会实践以及个性化的指导和服务。这种多元化的支持体系旨在为学生提供一个全面发展的平台，帮助学生在学术上取得更好的成绩，在职业选择上更加明晰，在社会实践中积累更多经验，在心理健康上得到有效的保障，从而实现从学生到社会人的顺利过渡。

2. 策略实施

（1）精神激励

在高等教育机构中，精神激励起着至关重要的作用，尤其是对那些处于成长关键阶段的大学生来说。为了更有效地激发学生的内在动力和学习热情，高校可以采取多样化的方式来实现这一目标。

a. 设立多元化奖学金和荣誉称号：高校可以通过设立各类奖学金和荣誉称号，如"学术杰出奖""创新创业奖""社会贡献奖""文体活动杰出奖"等，对在不同领域表现突出的学生进行表彰。这些奖项不仅仅是对学生过去成绩的认可，更是激励他们未来努力的动力。

b. 举办主题讲座和经验分享会：高校还可以定期邀请成功的校友、行业精英、知名学者及其他优秀人物来校进行主题讲座和经验分享会。通过这些活动，学生不仅能够直接从成功人士那里获得灵感和动力，还能增强对自己未来职业生涯的认知和规划。

c. 建立导师制度：通过建立导师制度，将每位学生与一位教师或行业专家相匹配，为学生提供一对一的指导和咨询。导师可以是学术导师、职业导师或生活导师，他们可以在学术研究、职业发展规划、心理健康等方面给予学生具体的指导和帮助。

d. 组织志愿服务和社会实践活动：鼓励学生参与志愿服务和社会实践活动，让学生在服务中学习，在实践中成长。通过参与这些活动，学生不仅能够增强自我价值感和社会责任感，还能提升团队合作能力和社会适应能力。

e. 营造积极向上的校园文化：高校应该致力于营造一个积极向上、充满活力的校园文化氛围。通过举办各种文化艺术节、学术节、体育比赛等活动，不仅丰富了学生的课余生活，也为学生提供了展示自我、挑战自我、超越自我的平台。

综上所述，通过精神激励的多元化实践，高校可以有效地激发学生的内在动力和学习热情，为学生的全面发展提供坚实的支撑。

（2）能力培养

在高等教育的现代化进程中，能力培养成了教育工作的重要组成部分。为了更好地适应社会的需求，高校需要构建一个全方位、多层次的学生能力培养体系。以下是具体的实施策略：

a. 课外活动的多样化：高校应提供丰富多样的课外活动，如学术讲座、工作坊、社团活动、文化艺术展览等，这些活动不仅能够丰富学生的校园生活，还能够提升学生的社会实践能力、团队协作能力和领导力。通过参与这些活动，学生可以在实践中学习，增强自身的综合素养。

b. 实习实训机会的拓展：高校应与企业、行业机构建立密切的合作关系，为学生提供丰富的实习和实训机会。通过实习实训，学生可以将理论知识与实践经验相结合，提升专业技能，同时增强就业竞争力。

c. 国际交流项目的增加：通过开展国际交流项目，学生可以有机会去海外学习和交流，拓宽国际视野，提升跨文化交际能力。高校可以通过建立国际合作平台，邀请外国学者访问和讲学，或者与海外高校共同开展短期交换项目。

d. 创新创业教育的加强：高校应将创新创业教育融入人才培养体系，设置创新创业相关课程，建立创业孵化中心，提供创业指导和资金支持。鼓励学生参与科研项目和创业实践，培养学生的创新意识、批判性思维和解决问题的能力。

e. 学生自主学习能力的培养：高校应鼓励学生发展自主学习能力，通过开设在线课程、搭建知识共享平台、开展学习讨论会等方式，激发学生的学习兴趣，引导学生主动探索知识，培养终身学习的习惯。

（3）个性发展

在当前的教育背景下，重视学生的个性发展已经成为高校教育的一个重要方向。为了更好地促进每位学生的全面和个性化发展，高校需要采取以下具体措施：

a. 建立学生导师制：通过实施学生导师制，为每位学生配备一位导师，导师可以是学校的教师或者行业内的专业人士。导师不仅在学业上给予指导，更重要的是在生涯规划、个性发展上提供个性化的咨询和建议。导师与学生之间的互动，可以帮助学生更好地认识自我，明确自己的兴趣方向和职业规划。

b. 提供心理咨询服务：高校应建立完善的心理咨询体系，为学生提供专业的心理咨询服务。心理咨询不仅可以帮助学生解决学习生活中遇到的心理问题，更重要的是可以引导学生进行自我探索，促进个性的健康发展。通过定期举办心理健康讲座、工作坊等活动，提高学生的心理健康意识，促进学生的情感调节能力和社会适应能力的提升。

c. 丰富学生兴趣小组和社团活动：高校应鼓励和支持学生根据自己的兴趣爱好成立各种小组和社团，如文学社、科技社、音乐社等。通过参与这些活动，学生可以在兴趣的驱动下自主学习，发展特长，同时也能够在社团活动中培养团队合作能力、组织管理能力。

d. 开展职业规划教育：高校应将职业规划教育纳入人才培养体系，通过职业规划课程、职业生涯规划讲座、模拟面试等活动，帮助学生提前规划自己的职业生涯。同时，学校还可以建立职业发展指导中心，为学生提供一对一的职业规划咨询服务。

e. 鼓励学生自主创新和创业：高校应创造条件，鼓励学生进行科学研究和技术创新，支持学生参与创业实践。可以通过建立科研创新基金、创业孵化基地等方式，为有意向的学生提供资金支持、技术指导和市场资源。

（二）整合资源：学校、政府与社会力量的合作模式

在当前教育背景下，为了更好地落实资助育人的全面目标，高校、政府及社会各界的紧密合作变得尤为重要。这种合作不仅可以拓宽资助渠道，还能提供更多元化的育人资源和机会。以下是实现这一目标的具体策略：

（1）政府的角色和政策支持

政府应该发挥领导作用，制定和实施有利于高校资助育人的政策框架。这包括提供必要的财政支持、税收优惠等激励措施，以鼓励企业和社会组织参与到高校的资助育人工作中来。同时，政府还可以通过立法和政策引导，确保资助育人工作的合理性、有效性和持续性。

（2）企业和非营利组织的参与

企业和非营利组织可以在资助育人工作中扮演重要角色。他们不仅可以提供资金支持，还可以开放实习实训岗位、提供职业培训和技能提升机会。此外，企业通过参与校企合作项目，提供项目资助、技术支持和行业指导，可以直接促进学生的职业技能发展和就业竞争力提升。

（3）高校的协调和执行

高校是整合资源、实施资助育人工作的核心主体。高校需要建立有效的协调机制，整合政府、企业和社会组织的资源和力量，形成合力。高校可以通过建立校企合作平台、志愿服务组织、学生发展基金等，有效利用外部资源支持学生的学术研究、创新创业、社会实践等活动。

（4）建立长效合作机制

为了确保合作模式的持续性和有效性，高校、政府和社会各界需要建立长效合作机制。这包括定期举行工作会议、建立信息共享平台、签订合作协议等，以保障合作的顺畅进行和资源的有效利用。

（5）评估和反馈机制

合作模式的建立还需要配备有效的评估和反馈机制。通过定期评估合作项目的执行情况和成效，及时调整和优化合作策略，可以确保资助育人工作的质量和效果，真正实现对学生全面发展的支持和促进。

通过上述策略的实施，高校、政府与社会力量的合作模式将为学生提供一个全方位、多层次、高质量的育人环境，促进学生的全面发展。

（三）以学生为中心：个性化资助计划与关怀

在现代高等教育中，尤其是在高校资助育人的过程中，把学生放在中心位置至关重要。不同学生有着不同的背景、需求、兴趣和发展目标，这就要求高校在资助育人时采取个性化的方法，制订更为细致和具体的支持计划。

首先，高校应通过多种方式深入了解学生的个人情况。除了传统的调查问卷，高校还可以利用数字化手段，如在线调查和社交媒体互动，收集学生的反馈和建议。同时，通过个别访谈或者小组座谈的方式，学校的辅导员和心理咨询师能够更深入地了解学生在学习、生活以及心理上的具体需求。

其次，基于对学生需求的深入了解，高校应制订个性化的资助计划。这些计划不仅包括经济资助，还应包含学术辅导、职业规划、心理健康支持等多方面的内容。例如，对于学业成绩优异但家庭经济困难的学生，除了提供奖学金外，还可以提供专业书籍的资助或者研学旅行的机会。对于有特定职业规划的学生，可以提供实习机会、行业导师一对一指导等。

最后，高校还需要建立一个全面的关怀机制，确保资助育人的各项计划得以有效实施。这包括定期跟踪学生的学习和生活状况，通过电子邮件、短信或社交媒体等方式保持沟通。在必要时，学校应及时提供心理咨询、学业辅导、紧急经济援助等。对于遇到特殊困难的学生，学校应设立应急机制，快速响应学生需求，提供针对性的帮助。

实施个性化资助计划和建立关怀机制，需要高校各部门之间的紧密合作。学校的财务部门、学生事务部门、教务部门以及心理咨询中心等都应当参与进来，共同为学生提供全面、连贯的支持服务。通过这种以学生为中心的个性化资助计划和关怀，高校能够更有效地促进学生的全面发展，帮助他们成功完成学业，发挥个人潜能。

二、创新资助育人的政策路径

为了更好地实现资助育人的目标，高校需要创新政策路径，以下几方面是关键：

（一）政策设计：明确目标、分层分类、精准施策

为了实现高校资助育人工作的高效性和精准性，政策设计阶段的策略制定至关重要。这一过程涉及对资助育人目标的明确、学生群体的细致划分，以及针对不同学生需求制定的精准施策。

（1）明确目标

高校必须明确资助育人政策的根本目标。这不仅包括缓解学生的经济压力，更重要的是促进学生全面发展，包括学业成就、个人能力、社会责任感等方面的成长。明确目标是政策设计的基石，它决定了资助育人的方向和重点。

（2）分层分类

高校学生群体具有多样性，他们的需求和特点各不相同。因此，将学生进行合理的分层分类显得尤为重要。这种分类可以基于多种因素，如经济状况、学习成绩、专业方向、特长等。通过细致的分类，高校能够更准确地识

别不同学生群体的具体需求，为后续的精准施策提供依据。

（3）精准施策

在明确了资助育人的目标和完成了学生群体的分类后，高校需要根据这些分类制定具体而精准的资助政策。例如，对于经济条件较差但学习优秀的学生，高校可以提供更高额度的奖学金，并给予学术研究的机会和支持。对于具有特殊才能或兴趣的学生，高校可以设立特色发展基金，支持他们在特定领域的深入探索和实践。此外，对于面临特殊困难或挑战的学生群体，高校还应制定特别的支持计划，如心理健康支持、职业规划指导等，以确保这些学生也能充分利用高校资源，实现个人潜能的最大化。

通过这样的政策设计流程，高校能够确保资助育人工作既具有普遍性，又能够针对性地解决学生的实际问题。这种方法不仅提升了资助的效果，更重要的是，它能够促进学生在经济援助之外的方面获得成长和发展，实现教育公平的长远目标。

（二）政策实施：强化监管、优化流程、提高透明度

高校在实施资助育人政策时，面临着确保资助效率和公平性的双重挑战。为此，强化监管、优化流程和提高透明度成为政策实施的三大关键步骤。

（1）强化监管

资助育人的资金来源复杂，包括政府拨款、社会捐赠、学校自筹等多种形式，这就要求高校建立健全的资金监管机制。高校需要通过内部审计、定期检查等手段，确保每一分资助资金都能按照既定目标和要求使用。此外，高校还需设立专门的监督机构或委员会，对资助资金的管理和使用进行独立监督，确保资金使用的公正性和合法性。

（2）优化流程

资助育人的申请和审批流程往往烦琐复杂，这不仅影响了资助的时效性，也增加了学生的负担。高校应当通过简化申请材料、优化审批程序等方式，

降低学生申请的门槛和难度。例如，可以实行在线申请和审批，利用大数据技术自动匹配资助对象，减少人工审查的时间和误差，从而提高资助工作的效率和公平性。

（3）提高透明度

高校资助育人的透明度直接关系到政策的公信力和社会的认可度。高校应当通过官方网站、公告板等渠道，及时公开资助政策的详情、资金使用情况和受助学生名单等信息，接受校内外的监督和评价。此外，高校还可以通过定期发布资助工作报告、举办公开论坛等方式，增加政策的透明度，促进校内外各方的沟通与合作。

通过这些措施的实施，高校不仅能够提高资助资金的使用效率和公平性，还能够增强资助育人工作的社会认可度，为学生提供更加公正、高效的资助服务。这样的政策实施策略，不仅有助于解决学生的经济困难，更能够促进学生的全面发展，实现资助育人工作的长远目标。

（三）政策评估：建立反馈机制、定期评估与及时调整

有效的政策评估是确保高校资助育人工作持续改进和优化的关键。为此，高校必须构建一个系统性的评估框架，以保证资助政策能够适应学生需求的变化和社会发展的要求。

（1）建立反馈机制

高校应建立一个全面的反馈收集机制，这不仅包括定期的问卷调查、面对面访谈，还应利用数字平台和社交媒体工具收集学生、教师、资助人员及社会各界的反馈。特别是对于受助学生的反馈，高校应当给予更多的关注和重视，以学生的实际感受和需求为导向调整资助策略。通过这种方式，高校可以及时了解政策实施的效果和存在的问题，从而为政策的优化提供依据。

（2）定期评估

高校应定期对资助育人政策进行全面评估，评估内容包括政策的覆盖范

围、资助效率、受助学生的满意度、政策对学生发展的影响等多个维度。评估工作可以由专门的评估小组负责，小组成员应包括教师、学生代表、资助管理人员以及外部专家等，确保评估的全面性和客观性。评估结果应全面反映资助育人工作的成效和不足，为政策调整提供科学依据。

（3）　及时调整

基于评估结果，高校需要对资助政策进行及时调整。这包括增加资助额度、扩大资助范围、优化资助程序、增设新的资助项目等。对于评估中发现的问题，高校应当制订明确的改进计划，并设定具体的执行时间表。同时，高校还应加强对政策调整效果的跟踪评估，确保每次调整都能够实际提高资助育人工作的质量和效率。

通过建立反馈机制、进行定期评估和及时调整，高校能够不断完善资助育人政策，使其更加适应学生的需求和社会的发展。这种动态的、反馈驱动的政策管理模式，有助于高校资助育人工作的持续优化和创新，从而更好地促进学生的全面发展和社会的整体进步。

第二节　完善我国奖助学金相关政策

在探讨高校资助育人时，奖助学金政策作为一项重要措施，强调为每个个体提供平等的教育机会。通过为经济条件不足的学生提供经济支持，奖助学金政策帮助缩小不同社会经济背景学生之间的教育机会差距，确保每位学生都能享有接受高质量教育的机会。奖助学金政策通过表彰学术成就或特殊才能，也为所有学生提供了向上的动力，鼓励他们努力学习，追求卓越。这种以奖励为导向的机制，不仅体现了对学生个人努力的认可，也促进了教育资源的合理分配，进一步推动了教育公平的实现。

一、完善评定体系，建立公平、透明的奖助学金分配机制

为了确保奖助学金能够公平、透明地分配给真正需要的学生，高校必须采取切实有效的措施完善评定体系。当前的挑战在于，传统的评定体系过分依赖学业成绩作为奖助学金发放的唯一或主要标准，这种单一的评价体系往往无法全面反映学生的真实需求和潜能。因此，构建一个包容性更强、更加全面的多元评价体系显得尤为重要。

这一体系的构建，首先需要对学生的评价维度进行扩展，使之不仅限于学业成绩。在学业成绩的基础上，应加入学生的创新能力、社会实践能力、领导力、团队合作能力以及道德品质等多方面的表现。例如，学生在科研创新中的表现可以通过参与的科研项目、发表的论文、获得的专利等方面来评估；社会实践能力则可以通过学生参与的志愿服务、社会实践活动以及获得的相关荣誉来衡量。

为进一步实现评价体系的公平性和透明性，高校需要建立一套标准化、程序化的评价机制。这包括设立专门的评审小组，由来自不同背景的教师、行业专家、学生代表等组成，确保评审过程的多元性和公正性。同时，所有评审标准和流程应公开透明，让所有学生都能清楚地了解评审标准，保障每位学生的申请机会平等。

此外，高校还应引入学生和社会各界的反馈，对评价体系进行持续的优化和调整。通过定期收集和分析反馈信息，评估现有评价体系的有效性和公平性，及时调整评价标准和流程，以适应社会发展的需要和学生多样化的成长需求。

通过这样一套完善的评定体系，高校能够更加公正、全面地评估每位学生的表现和需求，确保奖助学金能够更精准、有效地分配给真正需要帮助的学生，从而达到激励学生全面发展、促进教育公平的目标。

二、增加资金来源，扩大奖助学金的覆盖面和深度

为了确保高校能够满足日益增长的学生需求，增加奖助学金的资金来源，扩大其覆盖面和深度，成了高等教育管理者面临的重要任务。在当下社会，学生对财务支持的需求不仅仅局限于传统的学费和生活费用补助，更包括了科研活动、国际交流、创新创业等多方面的经费需求。因此，通过政府投入、社会捐赠、校友回馈等多渠道筹集资金变得尤为关键。

政府投入方面，应当持续加大对高等教育资助的财政支持力度，不仅仅是增加总体的投入，更应关注资金分配的效率和公平性。政府应当设立特定的奖学金项目，专门针对家庭经济困难学生、少数民族学生、优秀学生等特殊群体。这些特定奖学金项目不仅能够提供经济支持，帮助他们顺利完成学业，还能够发挥示范效应，激励更多学生积极向上。例如，为家庭经济困难学生提供的奖学金，可以根据家庭经济状况和学生学习成绩设立不同等级的资助标准；对于少数民族学生，可以结合其文化背景和教育需求，设计专门的奖学金项目，帮助他们在保持民族特色的同时，获得更多的教育资源。同时，通过与高校合作，设立联合资助项目，增强资助的针对性和实效性。在增加财政投入的同时，政府还需要加强对资助资金使用情况的监管，提高资金使用的透明度。通过建立完善的监督机制和反馈系统，确保每一笔资助资金都能够按照既定目标和要求使用，及时发现和纠正资助工作中的问题，防止资金被挪用或浪费。公开资助资金的使用情况，接受社会公众的监督，可以增强资助政策的公信力，提升社会各界对政府资助工作的认可和支持。

社会捐赠方面，高校应积极拓展与企业、非营利组织、慈善基金等社会各界的合作，建立长期稳定的资金来源。高校可以通过组织各种形式的公益活动，如捐赠晚会、慈善跑等，有效提升社会公众对高等教育资助的认识，激发社会公众的参与热情。这些活动不仅能够增加资助项目的可见度和影响力，还能够直接促进资金的筹集。通过这种方式，社会公众能够直接参与到

高校的资助育人工作中来，增加了社会各界对教育公平和学生发展的关注。高校还可以通过设立特定的项目捐赠和命名基金等方式，吸引更多的社会捐赠。这些捐赠项目可以针对特定的领域或目标，如扶助家庭经济困难学生、支持科研创新、鼓励社会实践等，具有很强的目的性和实效性。定向捐赠不仅可以让捐赠者看到他们的捐款如何被有效利用，还可以根据捐赠者的意愿，将资金用于最需要的地方，实现资源的最优配置。为了更有效地吸引社会捐赠，高校应积极探索与企业、慈善组织等社会力量的合作机会。通过建立合作框架协议、开展联合资助项目等形式，不仅能够扩大资助育人工作的资源池，还能够借助社会力量的专业优势，提升资助项目的质量和效果。此外，高校还应加强对社会捐赠的感恩回馈机制，通过发布捐赠报告、举办感谢活动等方式，让捐赠者感受到他们的贡献被社会和学校所认可和珍视。

校友回馈方面，高校可以建立校友基金会，鼓励校友回馈母校。通过定期组织校友年会、校友企业家俱乐部等活动，不仅能够提供一个让校友回忆校园生活、分享职场经验的平台，还能促进校友之间的相互了解和联系，加强校友网络。这样的活动有助于校友了解学校的发展需求，进一步增强他们的回馈意愿。校友回馈的形式多样，不仅包括直接的经济捐赠，也涵盖了为学生提供实习实训机会、参与学生导师计划、捐赠教学科研设备等非财务性支持。这些形式的回馈对于学生的成长和学校的发展同样重要。例如，校友可以通过提供实习岗位，帮助学生获得宝贵的实践经验；参与学生导师计划，为学生提供职业规划和人生指导；捐赠先进的教学科研设备，提升学校的教学研究能力。为了让校友感受到他们的回馈被高度重视和感激，高校应当建立一种感恩文化，通过各种方式向校友表示感谢。这可以是定期发布校友捐赠报告、举办校友捐赠感谢仪式，或者在学校的公共场所设立校友捐赠荣誉墙等。这样的举措不仅能够展示校友对学校的贡献，也能激发更多校友的回馈意愿。

通过上述多渠道筹集资金的策略，高校可以有效增加奖助学金的资金规模，提高资金的使用效率和透明度。同时，这种多元化的资金来源还能够促进高校与政府、社会、校友等多方面的合作，形成共同促进高等教育发展的良好生态。这不仅能够满足学生日益增长的多元化需求，还能够促进高等教育质量的提升和社会责任的实现。

三、建立动态调整机制，实时反映和适应社会经济发展变化

在当今快速变化的社会经济环境中，高等教育资助体系的灵活性和适应性变得尤为重要。奖助学金政策作为高校资助育人体系的核心部分，其设计和实施需要紧密跟随社会经济发展的脉搏，以确保政策既具有前瞻性又不失公平性。因此，建立一个能够动态调整的机制，以实时反映和适应社会经济发展变化，对提高奖助学金政策的有效性和实效性具有重要意义。

（一）设立专项基金，针对性提供支持

针对特殊情况或特定群体的需求，设立专项基金成为一项重要的策略。例如，对于受自然灾害影响的灾区学生，高校可以设立"灾区学生救助基金"，为他们提供紧急的经济援助和心理辅导，帮助他们尽快恢复正常的学习和生活；对于少数民族学生、残疾学生等特定群体，高校也可以根据他们的特殊需求，设立专项基金，为他们提供更有针对性的支持，包括学费减免、生活补助、专业培训等。

（二）动态调整机制的建立

建立动态调整机制，意味着奖助学金的分配标准、金额及受助学生的范围不是一成不变的，而是根据社会经济发展的情况和高等教育政策的变化进行及时调整。这不仅包括对奖助学金金额的调整，还包括对资助标准的更新、资助范围的扩展等方面。例如，随着物价水平的上涨和生活成本的增加，相应增加奖助学金的金额，以确保其能够真正缓解学生的经济压力；根据就业

市场的变化和行业需求的调整，及时调整奖助学金政策，鼓励学生选择就业前景更好的专业和方向。

（三）确保政策的时效性和适应性

动态调整机制的建立，能够确保奖助学金政策具有强大的时效性和适应性，使其能够更好地服务于学生和社会的实际需求。此外，这种机制还能够提高政策的公平性和透明性，使得资助工作更加精准有效。通过设立专项基金和建立动态调整机制，高校可以更灵活地应对社会经济发展的变化，为学生提供更加全面和及时的支持，从而促进学生的全面发展和社会的长期稳定。

通过实施上述策略，高校的奖助学金政策可以更加公平、透明和有效，真正达到资助育人的目的，促进教育公平，激发学生潜能，为社会培养出更多优秀的人才。

第三节　扩大勤工助学的范围

勤工助学作为一项重要的教育政策和学生资助形式，在促进教育公平、支持学生发展、提供社会实践机会等方面发挥着重要作用。在美国、德国等国家，勤工助学已有深厚的历史和丰富的实践经验。这些国家通过灵活多样的勤工助学项目，如校园内部岗位、社区服务、行业实习等，有效地整合了教育资源，促进了学生技能的提升和职业素养的培养。注重加强管理和提高质量，确保勤工助学既能解决学生的经济问题，也能成为学生能力提升和个性发展的重要途径。

一、丰富勤工助学项目类型

勤工助学项目的扩展是高校资助育人策略的重要组成部分，其主要目的是通过实际工作经历，促进学生的职业技能、社会责任感和创新能力的全面发展。以下是勤工助学项目扩展的三个子策略的详细阐述：

（一）校企合作

校企合作模式下的勤工助学项目，是一种通过高校与企业之间紧密合作，为学生提供实习实训岗位的新型教育模式。这种合作模式旨在为学生提供真实的工作环境，让他们在实践中学习，从而更好地理解理论知识，掌握专业技能。

在这种模式下，学生可以在企业中亲身体验职场生活，了解企业运营模式，感受工作氛围。这不仅有助于学生将所学知识应用于实际工作中，提高职业技能，还能使他们提前适应职场文化，为未来的职业生涯做好准备。

此外，通过参与勤工助学项目，学生可以更好地了解自己的兴趣和优势，明确未来职业规划方向。在真实的工作环境中，学生可以更直观地感受到不同职业的特点和要求，从而有针对性地进行自我提升。

（二）社会服务项目

社会服务项目是高校教育体系中的重要组成部分，其主要目的是鼓励和引导学生积极参与到社区服务和各类公益活动中。通过这些活动，学生不仅能够为社会贡献自己的力量，还能够培养出一种强烈的社会责任感和服务意识。这种责任感和服务意识，是学生成长过程中不可或缺的品质，也是他们未来在社会中立足和发展的重要基础。

参与社会服务的过程，是学生学习社会知识、理解社会现象、提升自我价值的重要途径。在这个过程中，学生可以亲身体验社会的多元性，了解社会的需求和问题，从而更好地理解社会的运行机制。同时，通过服务他人，学生也能够提升自己的能力和技能，增强自信心和自尊心。

为了更好地推动学生参与社会服务，高校可以采取以下措施：

①建立志愿服务团队，组织学生参与各类志愿服务活动，如支教、环保、

扶贫等，让学生在实践中学会关爱他人、服务社会。

②组织社会实践活动，如暑期社会实践、寒假社会实践等，让学生走出校园，深入社会、了解社会、服务社会。

③开展社会服务项目竞赛，鼓励学生创新思维，提出解决社会问题的方案，提升学生的社会实践能力。

④建立社会服务评价体系，对参与社会服务的学生进行评价和激励，提高学生的参与积极性。

⑤加强与社会组织的合作，共同开展社会服务项目，为学生提供更多的实践机会和平台。

通过这些措施，高校可以有效地鼓励学生积极参与社会服务，培养学生的社会责任感和服务意识，同时也能够提升学生的社会归属感和集体荣誉感。这对于学生的全面发展和社会的和谐进步都具有重要的意义。

（三）创新创业项目

对于有创业想法和创新项目的学生，高校应当积极提供全方位的支持和指导，以帮助他们实现梦想。这包括但不限于以下几个方面：

①定期举办创业指导讲座，邀请成功创业者和行业专家分享创业经验，为学生提供实用的创业知识和技能培训。

②开放创新实验室，提供先进的技术设备和实验条件，鼓励学生进行实践探索，将创新想法转化为实际项目。

③提供创业项目的孵化支持，包括资金资助、场地支持、导师辅导等，帮助学生顺利启动和运营创业项目。

④建立创业网络平台，整合学生与投资人、企业家、行业导师等资源，为学生提供交流合作的机会，促进资源共享。

⑤举办创业大赛、创新挑战赛等活动，为学生提供展示创新项目的机会，激发他们的创新潜能和竞争意识。

通过这些项目和支持，高校不仅可以激发学生的创新精神和实践能力，还能帮助他们构建起强大的创业网络，获取更多的创业资源。此外，学生在参与创业大赛、创新挑战赛等活动的过程中，能够在竞争和合作中不断成长，提升团队协作能力。

为了更好地推动学生创业创新，高校还可以采取以下措施：

①设立创业创新奖学金，激励有潜力的学生积极参与创业创新活动。

②加强与企业、政府、社会组织的合作，共同为学生提供更多实践机会和资源支持。

③开展跨学科、跨领域的合作，鼓励学生进行交叉学科的创新研究，培养复合型人才。

④建立创业创新教育课程体系，将创业创新教育与专业教育相结合，提高学生的综合素质。

⑤加强创业创新教育师资队伍建设，引进具有丰富实践经验的创业导师，提升教育教学质量。

通过以上措施，高校将为有创业想法和创新项目的学生提供全方位的支持，助力他们在创业创新的道路上取得成功。同时，这也有助于培养更多具备创新精神和创业能力的高素质人才，为我国社会经济发展注入新的活力。

二、降低参与门槛

为了确保勤工助学项目的广泛参与性，高校在资助育人方面应当致力于降低参与门槛，让更多有需求的学生能够参与到项目中来。

（一）优化选拔机制

优化选拔机制是其中的关键一环。高校应当简化申请流程，减少不必要的烦琐手续，确保信息公开透明，让每位有需求的学生都有机会了解并参与到勤工助学项目中。选拔机制的优化，不仅能够提高项目的普及率，还能够确保公平性，让真正有需要的学生得到帮助。

为了实现这一目标，高校可以从以下几个方面着手：

①简化申请流程：高校应当尽量减少申请勤工助学项目所需提交的材料和手续，避免烦琐的程序让学生望而却步。例如，可以采用在线申请系统，让学生能够方便快捷地提交申请。

②公开透明：高校应当确保勤工助学项目的相关信息对所有学生公开透明，包括申请条件、岗位要求、工作时间、薪酬待遇等。这样可以让学生全面了解项目情况，做出明智的决策。

③提供指导和支持：高校可以设立专门的咨询窗口或指导中心，为学生提供关于勤工助学项目的咨询和指导。通过面对面的咨询，学生可以更好地了解项目细节，解决申请过程中的疑问。

④强化宣传推广：高校应当加大对勤工助学项目的宣传力度，通过校园网站、宣传海报、社交媒体等多种渠道，让更多的学生了解并参与到项目中来。

⑤定期评估和改进：高校应当定期对勤工助学项目的选拔机制进行评估和改进，根据学生的反馈和实际运行情况，不断完善选拔流程，提高项目的公平性和效率。

通过以上措施，高校可以优化选拔机制，降低参与门槛，让更多有需求的学生有机会参与到勤工助学项目中。这样可以提高项目的普及率和公平性，确保真正有需要的学生得到帮助，并为他们提供实践经验和职业技能提升的机会。同时，这也有助于培养学生的自我管理能力和团队合作精神，为他们未来的发展打下坚实的基础。

（二）提供岗位咨询服务

岗位匹配咨询服务的提供也是非常重要的。高校应当配有专业的职业发展咨询团队，为学生提供个性化的职业发展建议，帮助他们找到最适合自己的勤工助学岗位。这样的服务不仅能够提高学生的岗位满意度，还能够提升他们的工作效率，从而更好地完成学业和工作。

为了实现这一目标，高校可以从以下几个方面着手：

①建立职业发展咨询团队：高校应当建立一支专业的职业发展咨询团队，由经验丰富的职业规划师、心理咨询师等组成。他们可以为学生提供个性化的职业发展建议，帮助学生了解自己的兴趣、优势和职业倾向。

②提供个性化咨询：高校应当根据学生的个人情况，提供一对一的个性化咨询服务。通过与学生的深入交流，咨询团队可以更好地了解学生的需求和期望，为他们提供量身定制的职业发展建议。

③岗位匹配与推荐：高校应当建立一套科学的岗位匹配系统，根据学生的专业背景、技能特长和兴趣爱好，推荐最适合他们的勤工助学岗位。这样可以提高学生的岗位满意度，并提升他们的工作效率。

④培训与指导：高校应当为参与勤工助学的学生提供必要的培训与指导，帮助他们掌握相关技能和知识，提高工作能力。此外，还可以定期组织工作坊或讲座，让学生了解行业动态和职业发展趋势，为他们的未来发展做好准备。

⑤反馈与改进：高校应当建立反馈机制，及时了解学生在勤工助学岗位上的表现和反馈，根据实际情况进行岗位调整和改进。这样可以确保学生能够在一个适合自己发展的环境中工作，提高他们的工作满意度和成就感。

通过以上措施，高校可以提供优质的岗位匹配咨询服务，帮助学生找到最适合自己的勤工助学岗位。这样的服务不仅能够提高学生的岗位满意度，还能够提升他们的工作效率，从而更好地完成学业和工作。同时，这也有助于培养学生的职业素养和综合能力，为他们未来的职业发展打下坚实的基础。

三、加强勤工助学管理

建立高校资助育人体系，关键在于确保勤工助学项目的质量和效果。为此，高校应当采取以下措施：

首先，建立动态监管体系。高校应当对勤工助学项目进行定期评估和反馈，以确保项目质量。这包括对项目的实施情况进行监督、对学生的表现进行评估，以及对项目效果进行反馈。通过这样的监管体系，高校可以及时发现和解决问题，保证勤工助学项目的顺利进行。

其次，完善奖惩机制。高校应当根据学生的工作表现进行适当的奖励和必要的惩罚，以激发学生的工作积极性。对于表现优秀的学生，可以给予奖学金、荣誉称号等奖励，以激励他们更好地完成工作。而对于工作不力或违反规定的学生，则应当给予相应的惩罚，以促使其改进。

最后，提供专业培训。高校应当对参与勤工助学的学生进行职业素养、工作技能等方面的培训，以提升学生的工作效率和质量。这包括教授学生相关的工作技能、培养他们的职业素养，以及提供实际操作的机会。通过这样的培训，学生可以更好地适应工作环境，提高工作效果。

总的来说，建立动态监管体系、完善奖惩机制和提供专业培训，是高校在资助育人方面应当做好的工作。通过这些措施，高校可以确保勤工助学项目的质量和效果，帮助学生更好地完成学业和工作，培养他们的职业素养和综合能力。同时，这也有助于培养学生的自我管理能力和团队合作精神，为他们未来的发展打下坚实的基础。

四、勤工助学与学生发展的协同效应

（一）个人发展

勤工助学项目为学生提供了一个宝贵的学习平台，使他们能够在实际工作中学习到专业技能和团队合作等实际工作技能。这些技能对他们未来的职业生涯至关重要。例如，学生在实验室助理或行政助理的岗位上，可以学习到实验操作技巧、文档管理、有效沟通等技能，这些都是他们在课堂上学不到的。

此外，勤工助学还能帮助学生更清晰地认识自我，规划自己的职业生涯路径。通过实际工作经验，学生可以更好地了解自己的兴趣、优势和职业倾向，从而做出更明智的职业选择。这种自我认知和职业规划能力，对他们学生未来的发展至关重要。

勤工助学还为学生提供了广泛的社交机会，有助于提升学生的沟通能力和人际交往能力。在勤工助学的过程中，学生需要与不同背景的人进行合作和交流，这有助于他们学会如何与人相处，如何有效地表达自己的观点和需求。

（二）学业发展

参与勤工助学的学生需要在学习和工作之间找到平衡，这有助于提高他们的时间管理能力，进而提升学习效率。通过合理规划时间，学生可以更好地安排学习和工作任务，避免时间的浪费，提高学习和工作效率。

为了实现这一目标，高校可以引导学生采取以下措施：

①制定详细的时间表：学生可以根据自己的课程安排和工作时间，制定一个详细的时间表，将每天的时间合理分配给学习、工作和休息。这样可以帮助学生更好地组织自己的时间，避免冲突和拖延。

②设置优先级：学生需要学会根据任务的紧急程度和重要性来设置优先级。这样可以确保学生能够优先处理最重要的任务，提高工作效率和学习效果。

③分块时间：学生可以将时间分成小块，每个小块专注于一项任务。例如，学生可以设定 25 分钟的学习时间，然后休息 5 分钟，这样的番茄工作法可以帮助学生保持专注，提高学习效率。

④学会拒绝：学生需要学会拒绝一些不重要的任务或邀请，以免分散注意力和浪费时间。学会拒绝可以让学生更好地专注于自己的学习和工作。

⑤利用碎片时间：学生可以善于利用碎片时间，如上下课途中、等待时间等，进行一些简单的学习活动，如阅读、复习笔记等。这样可以充分利用时间，提高学习效率。

通过以上措施，学生可以更好地管理自己的时间，提高学习和工作效率。同时，这也培养了学生的自律能力和组织能力，为他们未来的发展打下坚实的基础。参与勤工助学的学生通过实践中的时间管理，不仅能够更好地平衡学习和工作，还能够培养出高效的时间利用习惯，从而在学业和职业发展方面取得更好的成绩。

（三）社会责任

参与社会服务项目的学生，能够增强社会责任感，培养社会实践能力。例如，学生可以通过支教、环保、扶贫等社会服务活动，了解社会问题和需求，学会关爱他人、服务社会。这种社会责任感和实践能力，对他们成为有责任感的公民至关重要。

社会服务项目为学生提供了一个走出校园、接触社会的机会。在这个过程中，学生将面对各种社会问题和挑战，如教育资源不均、环境污染、贫困等。通过亲身参与支教、环保、扶贫等活动，学生可以深入了解这些问题背后的原因和影响，从而增强对社会责任的认识。

参与社会服务项目，学生将学会关爱他人，理解他人的需求和困难。在支教活动中，学生可以亲身感受到教育对孩子们成长的重要性，从而更加珍惜自己的学习机会。在环保活动中，学生可以了解到环境问题的严重性，从而更加关注和参与到环境保护中来。在扶贫活动中，学生可以亲眼目睹贫困地区的生活状况，从而更加懂得感恩和助人。

此外，社会服务项目还能够培养学生的实践能力。在支教、环保、扶贫等活动中，学生需要亲自策划、组织和实施项目，解决实际问题。这种实践能力对学生未来的职业发展和社会生活具有重要意义。

总的来说，高校资助育人不仅关注学生的经济需求，更重视学生的个人发展、学业进步和社会责任的培养。通过勤工助学和社会服务项目，学生可以在实际工作中学习到专业技能和团队合作能力，更清晰地认识自我，规划职业生涯路径，提升沟通能力和人际交往能力。同时，学生需要在学习和工作之间找到平衡，提高时间管理能力，进而提升学习效率。此外，参与社会服务项目的学生能够增强社会责任感，培养社会实践能力。这些都是高校资助育人体系的重要组成部分，对学生的全面发展和社会的和谐进步具有重要意义。

第四节　完善国家助学贷款相关政策

国家助学贷款政策作为我国高等教育资助体系的重要组成部分，自 20 世纪 90 年代末期设立以来，旨在缓解家庭经济困难学生的学费和生活费压力，确保其顺利完成学业。随着时间的推移，国家助学贷款政策不断优化调整，覆盖的学生群体日益扩大，贷款流程和条件也更加人性化，有效地支持了数以百万计的学生顺利完成学业。

一、国家助学贷款政策概述

国家助学贷款政策旨在为广大本科生、研究生以及部分职业院校的学生提供经济上的支持，使他们能够更好地应对高等教育期间的经济负担。通过这项政策，学生可以获得一定额度的贷款来支付学费和基本生活开销。为了增加贷款的可获得性并降低学生的还款负担，国家助学贷款分为直接贷款和委托贷款两种模式，并由政府指定的银行发放，享有比市场同类贷款更优惠的利率。这样的安排允许学生在完成学业并达到一定的还款条件后，开始逐步偿还所借款项及相应的利息。

尽管国家助学贷款政策在帮助家庭经济困难学生顺利完成学业方面发挥

了积极作用，但在实施过程中依然存在不少挑战与问题。首先，部分地区和高校在助学贷款的发放程序方面过于复杂，不仅减慢了贷款发放速度，也影响了学生的申贷体验。其次，随着教育成本的逐年上涨，现行贷款额度往往难以完全满足学生的实际需要，使得学生在支付学费和生活费时仍面临经济压力。

更值得关注的是，对那些就业前景不明朗的专业学生来说，贷款还款成了他们毕业后面临的一大负担。这不仅增加了学生的经济压力，也可能影响他们的职业选择和未来发展。与此同时，贷款逾期问题的日益突出不仅对学生个人造成不利影响，更对助学贷款政策的持续性和有效性构成挑战。

二、国家助学贷款面临的主要问题

国家助学贷款作为支持家庭经济困难学生完成高等教育的重要政策，其实施过程中存在一些问题和挑战，影响了贷款政策的有效性和公平性。

（一）申请门槛

国家助学贷款申请的条件和流程的复杂性是许多学生面临的第一个障碍。尽管政策旨在覆盖所有需要经济支持的学生，但烦琐的申请条件和程序却成了限制其覆盖范围的因素。这不仅增加了学生的申请负担，也可能导致一些符合条件的学生因为信息不对称或流程复杂而放弃申请，影响了贷款政策的普惠性和效率。

（二）资金发放与管理

资金发放的及时性和管理的透明度、效率问题也是国家助学贷款面临的主要问题之一。一方面，学生对贷款资金的迫切需求要求贷款能够及时发放，但实际操作中经常出现发放延迟的情况，影响了学生的正常学习和生活。另一方面，助学贷款管理的透明度和效率不高，有时缺乏明确的资金使用指南和监管机制，增加了贷款的不确定性和潜在风险。

（三）还款压力

学生毕业后的还款压力是国家助学贷款政策亟待解决的问题。尽管贷款提供了低利率优惠，但由于就业形势的不确定性以及毕业生起薪水平的限制，许多学生在毕业后仍然面临较大的还款压力。此外，当前的利率政策和还款机制未能完全考虑到学生的经济状况和支付能力，增加了学生的经济负担。

（四）法律与监管

助学贷款政策的法律保护不足、违约风险管理和贷后服务的不足是其面临的另一个重要问题。一方面，现有的法律法规未能提供足够的保护措施，以确保学生权益不受侵犯；另一方面，对于贷款逾期和违约的管理缺乏有效机制，不利于维护贷款系统的稳定性和可持续性。同时，贷后服务的不足也影响了学生对贷款政策的信任度和满意度。

综上所述，国家助学贷款政策在帮助学生减轻经济负担、顺利完成学业方面发挥了重要作用，但也存在一些问题和挑战。要提高政策的有效性和公平性，就必须针对上述问题进行改进和优化，以确保所有需要帮助的学生都能公平地享受到贷款支持，顺利完成学业。

三、国内外助学贷款政策对比分析

在助学贷款政策的制定和实施过程中，不同国家根据自身的教育体系、经济发展水平及社会需求，形成了各具特色的助学贷款体系。通过对比国内外的助学贷款政策，我们可以汲取国际成功经验，并结合国内的实际情况，进行政策创新和优化。

（一）国际经验

在许多发达国家，助学贷款政策注重灵活性、可持续性和学生友好性，确保政策能够适应不断变化的社会经济环境和学生的多样化需求。

①灵活的还款计划：例如，英国的学生贷款提供基于收入的还款计划，学生的还款额根据其收入水平调整，确保还款不会对毕业生造成过重负担。

②贷款宽恕计划：美国的公共服务贷款宽恕计划允许在公共服务领域工作一定年限的借款人申请贷款宽恕，鼓励学生从事社会服务工作。

③贷款利息补贴：德国的助学贷款政策中，政府为学生提供贷款利息补贴，减轻学生的经济压力。

（二）国内实践

我国的助学贷款政策在不断发展中也展现出了特色和创新点，尤其是在提高资金使用效率、降低学生负担等方面取得了积极进展。

①多元化资金来源：在资金来源方面，我国助学贷款不仅依赖政府财政拨款，也鼓励社会资本、慈善机构等参与到助学贷款资金的筹集和管理中来。

②政策覆盖面的拓展：为了更好地满足不同层次、不同类型学生的需求，我国在助学贷款的政策设计上不断进行优化，如扩大助学贷款覆盖范围，将职业教育学生也纳入助学贷款的支持范围。

③简化办理流程：为了提高助学贷款的可获得性和便利性，我国在近年来通过信息化手段简化了贷款申请和审批流程，缩短了助学贷款发放的时间。

通过对国内外助学贷款政策的对比分析可以看出，各国在助学贷款政策的设计和实施中都在不断探索和创新，以更好地适应国家发展和教育需求的变化。我国的助学贷款政策在借鉴国际经验的同时，也在结合自身国情进行本土化创新，不断优化政策体系，旨在为更多家庭经济困难学生提供有效的经济支持，促进教育公平，实现学生的全面发展。

四、完善国家助学贷款政策

在当前高等教育快速发展的背景下，国家助学贷款政策扮演着至关重要的角色。为了更有效地实现教育公平，促进学生全面发展，特提出以下对国家助学贷款政策完善的策略与建议：

（一）政策完善

1. 降低申请门槛

为了更有效地服务于广大有需要的学生，必须对现有的国家助学贷款申请流程进行优化。具体来说，应通过减少烦琐的申请材料要求和简化审核程序来降低学生的申请门槛。此外，提高审批效率，采用更加高效的信息技术手段，如在线申请平台，可以显著缩短审批时间，确保符合条件的学生能够在最短时间内获得贷款批准，从而及时解决其经济困难。

2. 优化资金管理

资金管理的优化是提高国家助学贷款政策效率和公信力的关键。首先，应提升资金发放和管理的透明度，通过建立公开透明的财务报告系统，让学生和社会各界能够清楚地了解资金的分配和使用情况。同时，优化资金发放流程，确保贷款资金能够在学生最需要的时候及时、足额到达其手中，避免因资金延迟发放造成的不便。

3. 合理设定利率

贷款利率的合理设置对于缓解学生毕业后的还款压力至关重要。政府应考虑到不同学生的还款能力，为经济困难学生提供更为优惠的利率或者利息补贴，以减轻他们的负担。此外，可以考虑实行毕业后收入与还款能力挂钩的还款机制，即"收入分享协议"，根据学生毕业后的实际收入情况来确定还款额度，确保学生在享受教育资源的同时，不会因还款压力而影响其正常生活和职业发展。

通过这些措施的实施，可以有效地提升国家助学贷款政策的公平性、透明度和可持续性，更好地服务于需要支持的学生群体，促进教育公平和学生的全面发展。

（二）管理改进

1. 完善贷后管理

对国家助学贷款政策而言，贷后管理的作用不可小觑，它在确保贷款回收的同时，更是一种对学生未来发展的长远投资。为了提升贷后管理的效率和效果，高校及贷款机构需要建立一个全面而细致的贷后跟踪服务体系。这一体系的核心在于，能够全方位地掌握贷款学生毕业后的就业情况、收入水平及还款能力，从而在必要时对其还款计划进行相应的调整。这种调整不仅基于学生的个人情况，更要考虑到宏观经济环境的变化，确保还款计划的合理性和可行性。

此外，实施专业化的还款支持和咨询服务是减轻学生还款压力的有效手段。通过设立专门的咨询窗口，开展线上和线下的咨询服务，可以为学生提供包括贷款政策解读、还款计划选择、财务规划指导等在内的一系列帮助。对于遇到暂时性还款困难的学生，应提供延期还款、分期还款等灵活的解决方案，避免因还款问题影响其正常的生活和工作。

建立一个有效的预警机制也是贷后管理中不可或缺的一环。通过对贷款学生的就业状态、收入变化等关键信息进行实时监控，一旦发现可能的违约风险，即可及时介入，通过沟通协商、提供专业建议等方式，帮助学生解决问题，防止违约情况的发生。

最后，提高贷后服务的透明度，让学生了解到贷款机构提供的各项服务和支持，以及贷款政策的最新变化，对增强学生的信任感、降低其心理压力具有重要意义。通过定期发布贷后管理报告、举办贷款政策宣讲会等形式，可以增强政策的透明度和公信力，鼓励学生积极面对和解决还款中的各种问题，确保贷款的顺利回收，同时使学生健康、平稳地步入社会，开启其职业生涯。

2. 加强法律保护

加强对学生合法权益的保护，是保障国家助学贷款政策公正性的基石。这要求相关部门完善并严格执行相关的法律法规，明确规定贷款的发放、使用和还款过程中的权利与义务，保护学生免受不公正待遇。同时，应加大对违规机构的惩罚力度，对于存在欺诈、隐瞒信息等不法行为的贷款机构，应依法予以严厉处罚，以维护助学贷款体系的健康运行。

3. 提高服务效率

在当下信息技术日新月异的背景下，将技术手段应用于服务流程优化，已经成为提升工作效能、增强用户体验的关键路径。特别是在国家助学贷款服务领域，通过构建在线申请与咨询平台，不仅可以实现申请流程的数字化和自动化，还可以提供24小时不间断的服务，极大地提高了贷款服务的可接入性和便捷性。学生无须受限于地理位置或服务时间，就能轻松完成贷款申请、状态查询、还款提醒接收及专业咨询等操作，从而有效缩短了办理流程，提升了用户满意度。

进一步地，运用大数据分析和人工智能技术对学生的贷款使用和还款行为进行分析，不仅能够对学生的信用状态和还款能力进行更加精确的评估，还能预测潜在的违约风险，为贷款管理机构提供决策支持。此外，基于数据分析结果，贷款机构能够为每位学生设计个性化的还款计划，既考虑到了学生的实际还款能力，又能够保证贷款资金的及时回收，实现双赢。

同时，利用云计算和移动互联网技术，可以进一步提升助学贷款服务平台的稳定性和安全性，确保学生信息的安全与隐私保护。通过引入智能客服系统，可以实现对学生咨询的即时响应，解答学生关于贷款政策、申请流程等方面的疑问，提升服务的专业性和高效性。

通过科技手段的深度融合与应用，不仅可以大幅提升国家助学贷款服务的效率和质量，还能进一步优化学生的服务体验，促进贷款政策的公平性和透明度，为学生顺利完成学业、顺畅进入职场提供有力支持。

（三）制度创新

1. 引入信用评价体系

为了更科学地评估学生的贷款资格和还款能力，建立学生信用评价体系显得尤为重要。这一体系可以综合考量学生的学习成绩、社会实践表现、道德行为等多个方面，形成一个全面的信用评分。这个评分不仅可以作为贷款审批的重要依据，而且还可以根据信用等级调整学生的贷款利率，既激励了学生良好行为的形成，也合理分配了贷款资源，确保优质资源向信用高的学生倾斜。

2. 提供差异化贷款产品

针对不同学生群体的具体需求，提供差异化的贷款产品，可以更加精准地解决学生的财务困难。例如，对于理工科学生，可以提供与科研项目相关的贷款产品；对于艺术类学生，可以提供支持艺术创作和展览的专项贷款；对于创业学生，可以推出创业启动贷款。这样的差异化设计不仅满足了学生多样化的财务需求，还有助于学生更好地发挥专业特长和创新潜能。

3. 建立风险补偿机制

鼓励银行和其他金融机构积极参与助学贷款业务，对于扩大助学贷款的覆盖面、提高服务效率具有重要意义。政府设立风险补偿基金，可以有效降低金融机构在助学贷款业务中可能面临的风险，使其更愿意为学生提供贷款服务。同时，风险补偿机制还可以吸引更多的社会资本参与到助学贷款服务中来，从而形成政府、金融机构、社会资本多方参与、共同支持的助学贷款服务体系，确保每一位有需要的学生都能获得必要的经济支持，完成学业。

（四）社会参与

在完善国家助学贷款政策的过程中，社会参与扮演了一个不可或缺的角色。为了实现这一目标，政府可以采取一系列措施来激发社会各界的积极性。首先，政策引导至关重要，政府可以通过设立专项基金、发布助学贷款指导意见等方式，明确社会力量参与的方向和领域。其次，税收优惠政策是鼓励企业、慈善机构及个人捐赠的有力手段。通过给予参与助学贷款服务的社会组织和个人一定的税收减免或补贴，可以有效激发他们的参与热情。

同时，高校和教育机构也应积极发挥桥梁和纽带作用，建立校企合作平台，促进企业和慈善机构直接对学生的资助。例如，高校可以与企业合作，设立"企业奖学金"，既帮助学生缓解经济压力，也为企业培养未来的人才。对校友而言，校友捐赠不仅是对母校的回馈，也是对后辈学子的支持，高校可以通过建立校友基金会，组织校友捐赠活动，鼓励校友为学弟学妹提供助学贷款或奖学金。

此外，公众宣传和社会意识的提高也是促进社会力量参与的关键。通过媒体、社交平台等渠道广泛宣传助学贷款的重要性和社会意义，提高公众对高等教育支持的认识，从而吸引更多社会力量投入助学贷款服务中来。通过这样的政府主导、社会参与的多元化资助体系，不仅能够为更多有需要的学生提供帮助，还能够促进社会公平和谐，共同推动高等教育的健康发展。

通过上述政策完善、管理改进、制度创新以及社会参与的策略，可以有效提升国家助学贷款政策的实施效果，更好地服务于广大高校学生，实现教育资源的公平分配，促进学生的全面发展。

参考文献

[1] 龚完全，宋杰．春雨湖南大学资助育人文集［M］．长沙：湖南大学出版社，2021：08.

[2] 教育部高校思想政治工作创新发展中心（东北师范大学）编著．新时代高校资助育人理论与实践［M］．长春：吉林人民出版社，2020.11.

[3] 周倩．新时代高校资助育人工作发展研究［M］．北京：九州出版社，2021：10.

[4] 王岩．广东高校资助育人工作研究［M］．广州：广东高等教育出版社，2019：08.

[5] 《最美资助人》编委会组编．2019年江苏资助育人典型事迹集萃最美资助人［M］．南京：南京师范大学出版社，2020：12.

[6] 浙江省教育厅主编．构筑公平的起跑线浙江省高校资助育人理论与实践［M］．杭州：浙江工商大学出版社，2021：07.

[7] 梁国平，胥海军，杨驰，等主编．高校资助育人的探索与实践［M］．成都：西南交通大学出版社，2015：07.

[8] 安徽农业大学学生资助管理中心，安徽农业大学"梦立方"名师工作室编．梦起安农安徽农业大学资助育人工作纪实［M］．合肥：中国科学技术大学出版社，2016：03.

[9] 姚文帅，范晓刚．高校资助育人理论与实践研究［M］．长春：吉林出版集团股份有限公司，2024：01.

[10] 朱绍勇作．高校精准资助育人的理论与实践研究［M］．南京：东南大学出版社，2023：03.

[11] 胡元林．高校资助育人研究［M］．南京：南京大学出版社，2019：12.

[12] 上海市教育委员会学生处编．上海高校资助育人理论与实践研究

［M］．上海：东华大学出版社，2022：12．

［13］张浩，刘小萍．新时代高校成才型资助育人工作体系研究［M］．成都：四川大学出版社，2023：11．

［14］杨道建，张芬．新时代高校资助育人理论与实践［M］．镇江：江苏大学出版社，2021：05．

［15］姚丹丹，刘魁，李蕙．高校资助育人的精准服务策略研究［M］．延吉：延边大学出版社，2020．

［16］赵杰．高校资助育人的探索与实践研究［M］．长春：吉林出版集团股份有限公司，2020：05．

［17］马瑞静．高校大学生资助育人工作与路径研究［M］．长春：吉林出版集团股份有限公司，2021．

［18］全斌．第二届广西高等学校资助育人优秀项目成果汇编［M］．西安：西安电子科技大学出版社，2020：07．

［19］王亚男．思想政治教育研究文库 新时代高校资助育人研究［M］．北京：光明日报出版社，2023：06．

［20］宋欢，杨宇姣．"受助－自助－助人"资助育人模式的实践与探索［M］．广州：羊城晚报出版社，2019：12．

［21］陈虎．江苏资助育人研究第5辑［M］．南京：南京师范大学出版社，2016：11．

［22］陈虎主编．江苏资助育人研究第4辑［M］．南京：南京师范大学出版社，2014：04．

［23］陈虎主编．江苏资助育人研究第1辑［M］．南京：南京师范大学出版社，2012：01．

［24］天津市委教育工委思想政治教育处，天津市教育委员会德育处，天津市高校辅导员培训和研修基地（天津理工大学）编．新时代高校学生事务管理与资助育人工作理论与实践［M］．天津：天津大学出版社，2018：11．

［25］陈少雄主编．高校资助与育人问题研究［M］．广州：广东高等教育出版社，2015：01．

［26］张光明主编；周春树，刘桃初，黄建美副主编．高校学生资助育人工作实践与理论研究［M］．长沙：中南大学出版社，2012：03．

［27］肖国安，杨定忠主编．新时期资助育人工作探索与创新湖南省学生资助研究优秀论文集［M］．长沙：湖南师范大学出版社，2015：12.

［28］张根兴主编；李萍，柴娟副主编．梦圆中传拥抱明天：中国传媒大学资助育人文集［M］．北京：中国广播电视出版社，2014：08.

［29］曹海燕，邹琳，秦霞．三全育人视域下的新时代高校学生资助理论与实践［M］．南京：东南大学出版社，2022：04.

［30］全斌，孙巍，张雷．高校学生资助育人工作研究［M］．成都：电子科技大学出版社，2018：03.